말투가 고민이라면 유재석처럼

대한민국 누구에게나
호감받는 말기술

말투가
고민이라면
유재석처럼

정재영 지음

센시오

누구에게나 호감받는
유재석의 말솜씨

호감을 듬뿍 받는 사람들의 비결은 무엇일까? 미모나 경제력? 아니면 높은 지위일까? 먼저 미모는 아니다. 미모가 호감의 필수 조건이라면 유재석의 전성시대가 올 수 없었다. 유재석은 예쁘지 않다. 무시하는 게 아니다. 가족과 친구들에게는 눈부시게 아름답겠지만, 이 사회의 획일적 미모 기준으로는 그가 가령 원빈, 장동건, 차은우, 정국 등과 함께 묶여서 미남이라 불릴 가능성이 낮다는 뜻이다.

호감은 외모에서 오지 않는다. 사람의 매력을 완성하는 것은 바로 감동적인 말솜씨다. 누구나 알듯이 재산이나 지위도 말의 향기에 상대가 되지 못한다. 말이 무례하거나 경우에 맞지 않으면 부자 사장도 마주하기 싫다. 결국 감동적으로 말하는 사람이 가장 큰 사랑과 호감을 받는 법인데, 바로 유재석이 본보기다. 여기서 가설이 하나 성립된다. 우리도 유재석처럼 말하면 매력적인 존재가 되어 호감을 얻게 될 것이다. 그는 어떻게 생각을 하고 어떤 말을 하고 있을까?

유재석은 무엇보다 경청의 전문가다. 그처럼 따뜻하게 공감하고 위로하고 응원하는 사람은 세상에서 찾기 힘들다. 유재석은 또한 스스로를 객관화한다. 자기 사고의 불완전성을 전제로 내걸고 말할 줄 안다.

유재석은 고급스러운 언어 기술도 갖고 있다. 그는 함축과 대조와 비유에 능하다. 패러프레이즈와 메타 커뮤니케이션 능력도 수준급이다. 오랜 기간 고독하게 수련해서 체득한 것이 분명하다.

유재석은 또한 무턱대고 겸손하기만 해서는 안 된다는 것도 보여준다. 그는 당당하다. 겸손하지만 자신을 밑바닥까지 낮추지도 않는다. 그는 언제나 떳떳하게 자신을 보호할 줄 안다.

나열하다 보니 유재석에게 보내는 찬사 같지만 이 책의 목표는 그것이 아니다. 이 책은 말투 때문에 고민하는 우리 모두를 위한 것이다. 아무리 달변가라도 말은 무섭다. 그럴 수밖에 없다. 말을 뱉는 건

모험이기 때문이다. 나의 선량한 말마저도 나와 상대의 관계를 해칠 수 있다. 가령 진심 어린 위로가 때로는 친구의 자존심을 다치게 할 때가 있다. 또 내 입에서 나온 어떤 말은 나를 평생 후회하게 만든다. 말은 위험하다. 그래서 입을 떼기가 무섭고 누구나 말 고민에 빠져 산다.

유재석이 완전한 언어 능력의 소유자는 아니겠지만 언어 사회성은 최선에 가깝다. 모두가 인정하듯이 사람들을 행복하게 만드는 그의 기술은 특별하다. 그는 대화 파트너에게 공감하고 기분 좋게 질문하고 정신없이 웃긴 후에 호감을 잔뜩 털어간다. 누구나 꿈꾸는 언어 능력이다. 미모와 지위 같은 희소 자원이 풍족한 이들도 몰래 선망하는 말 기술이다. 유재석의 말은 무해하고 다정하고 기분 좋다. 그걸 배우자는 게 이 책의 목표다.

책의 일부는 유재석 이외의 스타들 덕분에 채웠다. 펭수, 아이유, 유희열, 김이나, 이효리, 윤여정 등 많은 대중 스타가 길고 짧게 등장한다. 분량과는 무관하게 그들의 언어 능력은 대단하다. 귀 기울여 들으면 지적이고 감각적인 그들의 말솜씨에 탄복하지 않을 수 없다.

말솜씨와 말투가 걱정이면 TV 앞에 바짝 붙어 앉자. 하루 종일 스타들이 말을 쏟아낸다. 그들은 존재 증명과 성공을 위해 절치부심 언어 능력을 갈고닦아 왔다. 좌절과 상처 속에서 자존감을 지켜낸 내

공도 언어에 다 녹아 있다. 훌륭한 언어 교사들이 다른 곳이 아닌 바로 우리 집 TV 속에 다 모여 있다. 우리는 그들의 말솜씨를 관찰하고 분석하고 기억만 하면 된다. 이 책이 제법 괜찮은 가이드가 될 것이다.

차례

들어가며   누구에게나 호감받는 유재석의 말솜씨   4

1장 | 누구와도 말이 잘 통하는 비결, 이해와 공감

첫 만남에서 호감을 얻는 말솜씨   12
경청하는 눈빛이 감동을 준다   24
타인의 아픔을 상상하기, 공감 능력   34
자기애의 늪에 빠지는 사람들   47

2장 | 나를 보호하면서 말하려면

유재석은 엎드려 사과하지 않는다   58
아무도 상처받지 않는 불만 표출법   69
유연한 자기주장, 나를 빛나게 만든다   80
웃는 얼굴로 진심 말하기, 함축 화법   90

3장 | 상대의 마음을 여는 칭찬과 질문

심장이 크게 뛰는 칭찬을 하려면　104
설득하지 않아야 설득할 수 있다　115
상대를 행복하게 만드는 질문 테크닉　126

4장 | 내 말이 존중받지 못해서 고민이라면

사람들을 매료시키는 말솜씨　142
주목받는 기술이 있다　152
자신을 돌아보면 매력적인 말을 하게 된다　163
휩쓸리지 않고 대화의 주인이 되는 법　173

5장 | "하하! 호호!" 유쾌한 대화를 하려면

활기 넘치는 이모티콘, 부사와 감탄사　186
말을 맛있게 만드는 생생한 비유　199
호응의 고급 스킬, 패러프레이즈　212

6장 | 영원히 잊을 수 없는 말을 하려면

틀린 건 틀렸다고 알려준다, 친절한 비판　226
말도 안 되는 말이 훨씬 강력하다, 신기한 역설　237
비교하면 더 명확해진다, 선명한 대조　248

주　261

누구와도 말이
잘 통하는 비결,
이해와 공감

첫 만남에서
호감을 얻는 말솜씨

사람은 누구나 사랑받고 싶어 한다. SNS에서 하트와 엄지를 받는 게 감미롭고 달달하다. 그러면 어떻게 해야 사람들이 나를 좋아할까? 그중 하나가 상대방과 나의 공통점을 찾아서 대화로 끌어들이는 것이다. 유재석이 소유한 비장의 무기이기도 하다. 어려운 일이 아니다. 사람들은 자신이 특별하다고 믿지만 사실은 다들 비슷하기 때문이다. 빙하위 펭귄들이 모두 빼닮은 것처럼 사람들에게도 공통점이 넘쳐난다. 그중 하나를 골라서 말해주기만 해도 상대는 나에게 관심을 갖고 호감을 느끼게 되어 있다.

유재석은 이미 그 사실을 알고 있고 실제 대화에서 정확하게 적용한다. 유재석이 〈유퀴즈온더블럭〉에서 동갑 회사원을 만났을 때를

보자. 회사원은 자신은 노안이 시작되어서 신문을 읽을 때 안경을 벗는데 유재석은 어떠냐고 물었다. 유재석은 아직 아니었다.

회사원 신문을 아직도 페이퍼로 보세요?

유재석 예.

회사원 (손으로 안경을 들어올리고) 이렇게 보세요?

유재석 아뇨, 그냥 (손으로 가상의 신문을 넘기며) 이렇게 봐요.

회사원 보이세요? 요즘 제가 제일 힘든 게… (노안이에요).

유재석 아….

여기서 유재석은 뭐라고 덧붙였을까?

(1) 아…. 저는 아직 노안이 안 왔어요.

(2) 아…. 저도 곧 오겠죠.

(1)은 '당신은 벌써 노안인가요? 나는 아니에요'라는 의미다. 차이를 강조하는 말이다. 두 사람 사이에 마음의 장벽이 불쑥 솟아오를 법한 말이다. 반면 (2)는 공통점을 강조한다. '아직은 아니지만 동갑인 나도 당신처럼 곧 노안이 오겠죠'라는 뜻이니 동질감을 표현하는 말이다.

유재석은 (2)이라고 말했다. 그렇게 은근슬쩍 동질성을 암시하는 것이 유재석의 빼어난 대화 기술이다. 대화 상대였던 회사원은 기분이 좋았을 것이다. '유재석도 나처럼 노안이 될 거다'라고 생각하니 외롭지도 않고 안도감이 들었을지도 모른다. 그리고 유재석에게 호감을 느꼈을 것이다. 유재석이 자신도 별반 다르지 않다고 말했기 때문이다. 사람들은 자기 마음을 솔직하게 밝히는 사람을 좋아한다. 유재석은 상대방과 동질성을 찾았고, 호감을 얻었다.

유재석은 한 여성 출연자에게도 같은 매뉴얼을 썼다. 조세호와 출연자의 대화였다.

> **조세호** 성함이?
> **출연자** 윤나입니다.
> **조세호** 윤아 씨요?
> **출연자** 아뇨, 윤나. (강조하며) 나, 나, 나….
> **조세호** (주눅)

순간 유재석이 돌발적으로 하하하 웃기 시작했다. 웃음은 정지 신호다. 상황을 일거에 멈추는 빨간 신호등이 웃음소리다. 그런데 웃음으로써 상황을 급정지시킨 사람에게는 의무가 생긴다. 왜 웃었는지 해명해야 하는 것이다. 유재석은 왜 웃었을까?

유재석은 조세호가 의기소침해진 것도 재미있었지만 출연자가 "나, 나, 나"라고 말하며 강조한 것에도 흥미를 느꼈다. 출연자의 말투를 듣고 그녀의 성격이 급하다고 판단한 것이다. 유재석은 이 판단을 어떻게 표현했을까?

(1) 성격이 약간 급한 편인 것 같네요.

(2) 성격이 약간, 저도 그런데, 급한 편인 것 같네요.

(1)이라고 말했다면 상대방은 유쾌하지 않았을 것이다. '성격이 급하다'는 무례한 비난으로 들릴 확률이 높다. 아마 '자기가 뭔데 나를 평가하나' 싶었을지도 모른다. (1)은 위험한 발언이다. 그런데 (2)는 다르다. "저도 그런데"를 삽입하면 위험 요소가 제거된다. "당신은 성격이 급하군요"는 비난이지만 "당신은 성격이 급하군요. 나도 그런데"는 반가움의 표현이다. 반갑다는 인사를 듣고 화를 낼 사람은 많지 않다. (2)는 안전한 발언이다.

유재석은 당연히 (2)라고 말했다. 출연자와 자신의 공통점을 찾아내서 친근하게 다가간 것이다. 그 덕에 촬영 현장은 웃음바다가 되었다. 성격이 급하다는 평가를 들은 출연자를 비롯해 스태프들까지 모두가 유쾌하게 웃었다. 동질감은 함께 웃을 수 있는 심리적 바탕이다.

유재석은 아무렇게나 말하지 않는다. 치밀한 계산은 하지 않더라도 몸에 밴 매뉴얼을 따른다. 방송에서 게스트를 만나면 반갑게 웃고 떠든다. 누군가의 이야기를 들을 때는 감탄사를 섞어가면서 적극적으로 호응한다. 그가 경험을 통해 스스로 체득한 대화 매뉴얼에 따른

행동이다. 낯선 사람을 만났을 때도 규칙이 있는데, 역시 공통점 찾기다. 처음 보는 사람과 자신의 공통점을 찾아 표현해주면 상대방이 친근감과 호감을 느낀다는 걸 그는 일찍부터 알고 있는 것이다.

우리도 유재석처럼 말하면 된다. 처음 만난 사람과 나의 공통점을 찾아서 강조하는 것이다. 그렇게 하면 상대도 나를 좋아하게 된다. 먼저 나쁜 예부터 살펴보자.

A   최근에 뉴욕 여행을 다녀왔어요.
B   저는 외국 여행이 정말 싫어요. 무의미하죠. 한국에도 갈 곳이 얼마나 많은데.

A는 벽에 부딪친 기분일 것이다. B가 '나는 당신과 다르다'라며 이질성을 강조했기 때문이다. 불쾌할 수도 있다. B가 "왜 그런 이야기를 꺼내요? 나는 당신과 달라요"라고 면박을 준 것과 다름없기 때문이다. 이질감과 차이를 강조하는 대화는 단절되기 쉽고 불쾌하다. 상대에게 감정적인 상처를 주거나 다투려는 목적이라면 B처럼 말해도 상관없지만, 마음을 얻을 생각이라면 다르게 말해야 한다.

A   최근에 뉴욕 여행을 다녀왔어요.
B   저는 가보지 못했어요. 사실 관심이 없지만 언젠가는 가고 싶어질지도 모르죠. 뉴욕을 여행하면 기분이 어떤가요?

B는 미래의 공통점에 방점을 찍었다. '지금은 다르지만 우리는 비슷해질 수 있다'는 메시지를 준 것이다. 유재석이 노안에 대해서 말했을 때와 같은 화법이다. B는 인내심이 많은 사람인지도 모른다. A가 자랑을 시작했는데도 아니꼬움을 참고 받아줬을 가능성이 있다. 나아가서 동질감과 궁금함까지 표현해줬으니 관대하다. 호기심의 대상이 되면 사람은 들뜬다. A는 에너지 넘치게 여행 이야기를 이어갈 테고 자랑할 수 있는 기회를 준 상대에게 감사와 호감을 느낄 것이다. 예를 하나 더 살펴보자. 두 사람이 직장 생활 스트레스에 대해서 이야기하고 있다.

A   저는 사장이 싫어요. 모든 걸 다 쏟아서 일을 해도 알아주지 않아요.

B   저는 사장이 싫지 않아요. 당신은 사장에게 너무 많은 걸 기대하고 있어요.

B는 상대를 가르치고 싶어 한다. 결정적인 조언을 하려고 애를 쓰고 있다. 어쩌면 상대를 다독이고 싶었는지도 모르지만 그럼에도 B의 태도에는 몹쓸 전제가 숨어 있다. '나는 당신과 다르고 당신보다 우월하다'는 생각이 깔려 있다. 그런 뉘앙스는 아무리 미묘해도 읽히게 되어 있다. 상대가 불쾌감을 느낄 확률이 무척 높다. 이렇게 되면 대화는 신경전이 되고 만다. 신경전도 전쟁이어서 피곤할 수밖에 없다. 대

화가 피곤해지는 게 싫다면 우월감과 차별성은 쓰레기통에 버리고 동질감을 표현해야 한다.

A   저는 사장이 싫어요. 모든 걸 다 쏟아서 일을 해도 알아주지 않아요.

B   저도 그럴 때가 있어요. 그럴 땐 마음을 다잡으려고 애쓰죠. 제 자신에게 말해요. 무리한 기대는 하지 말자고요.

유재석이 '성격 급한' 출연자에게 그랬던 것처럼 B는 A와의 공통점으로 대화를 시작했다. '나도 그럴 때가 있다'고 말하는 순간 둘은 같은 편이 된다. 상대가 공감하고 호의를 느끼게 될 것이다.

사람들은 자신만이 특별하다고 생각하지만 펭귄 떼 속의 펭귄들처럼 많이 닮았다. 닮았다는 건 기쁜 일이다. 외로움을 씻어주고 공감의 근거도 되어 주기 때문이다. 공통점 확인이 인간관계의 접착제다. 우월감은 잠시 접어두고 서로의 공통점을 찾아내는 사람이 실력 있는 커뮤니케이터다.

☺ 사랑의 감정을 키우는 네 가지

동질감이 사회생활에만 도움이 되는 것은 아니다. 연애할 때도 좋은 무기가 된다. 사랑하는 사람과 마음을 나누며 지내는 것만큼 행복한 일도 많지 않다. 동질감이 그걸 가능하게 한다. 물론 동질감 하나만으로는 안 된다. 동질감은 사랑을 키우는 네 가지 요소 중 하나다.

미국의 사회심리학자 엘리엇 애런슨Elliot Aronson이 정리하기로는 외모, 근접성, 능력, 동질감이 사랑의 감정을 일으킨다.* 짧게라도 하나하나 살펴보면 유익하면서도 재미있다.

사랑의 감정을 일으키려면 우선 외모가 뛰어나면 된다. 외모가 사랑의 첫 번째 계기다. 성별을 떠나 매력적인 외모에 끌리는 건 막을 도리가 없다. 하지만 반대도 성립된다. 아름다워야 사랑하게 되지만 사랑하면 아름다워 보이는 것도 사실이다. 누구나 경험하듯이 사랑은 착시를 일으켜서 나의 연인이 세상에서 가장 매력적으로 보이게 한다. 결론은 절충적이다. 외모가 중요한 것은 사실이지만, 빼어난 외모가 아니더라도 얼마든지 서로를 사랑할 수 있다는 말이 된다.

사랑의 두 번째 요소는 근접성이다. 공간적으로 가까이 지내는 사람을 좋아할 확률이 높다는 것은 해외의 여러 연구에서 확인된 사실이다. 가깝다는 건 같은 공간을 공유한다는 의미다. 가령 같은 동네에 살거나 같은 건물에서 근무하거나 같은 학교를 다니면서 자주 만나는 것이 사랑의 호조건이 된다. 왜 그럴까? 만나기 쉽기 때문만은 아니다. 노출 빈도 자체가 감정에 큰 영향을 끼치기 때문이다. 자주 만나면 단점보다는 매력에 주목하게 된다. 처음에는 싫었던 노래도 반복해서 들으면 괜찮게 들리는 것과 같은 이치다. 내 연인이 될 후보자는 내 주변을 서성인다. 등잔 밑에서 사랑을 찾아야 하는 이유다.

☺ 전현무가 약점을 드러내는 이유

세 번째로 능력이 사랑의 감정을 싹틔운다. 스마트하고 지식이 풍부한 사람은 매력적이다. 또 의사 결정과 문제 해결 능력이 뛰어난 사람도 인기가 높다. 그렇게 실력 있는 사람들이 사랑과 우정을 얻는 데 유리하다. 그런데 역설이 있다. 특별하게 능력이 뛰어난 사람은 오히려 비호감의 대상이 된다. 도저히 접근할 수 없이 완벽하게 빛나는 사람은 오히려 사람을 숨막히게 한다. 특히 자신과 같은 분야에서 지나치게 뛰어난 능력을 발휘하는 이성은 오래 사랑하기 어렵다.

그렇다면 능력이 출중한 사람은 사랑의 기대치를 낮춰야 하는 걸까? 물론 아니다. 방법이 있다. 실수를 하고 어수룩한 모습을 노출하는 것이다. 가령 알베르트 아인슈타인Albert Einstein이 대중적으로 인기가 높은 이유는 그가 천재여서만은 아니다. 자기 집주소를 잊어버리는 등 터무니없는 허점도 자주 보였기 때문에 그는 친근한 존재가 되었다. 커다란 덩치의 격투기 선수가 강아지 앞에서 겁먹은 표정을 지으면 매력적이다. 젊고 아름다운 연예인이 몇 년 동안 외롭게 지냈다고 고백하면 어쩐지 호감이 생긴다. 인간적인 면모와 빈틈을 노출해야 사람들이 좋아한다.

TV에서도 비슷한 사례를 볼 수 있다. MC 전현무가 〈책 읽어드립니다〉에서 자신의 책장을 공개했을 때다. 책도 많았고 유명한 책도 곳곳에 보였다. 그런데 전현무가 자백했다. 어떤 책은 두 권씩 구입했다고 말이다. 이미 샀다는 사실을 잊고 또 구입했던 것이다. 자기 책장을 촬영한 화면을 보면서 전현무가 말했다.

> **전현무** 《팩트풀니스Fact Flulness》두 권 있는 거 보여요? 산 줄 모르고 또 산 거예요.《호모데우스Homo Deus》와 다른 수필도 두 권씩 있어요.

전현무는 자신이 책에 대한 지적 호기심이 적고 소양도 부족하다고 고백해서 웃음을 끌어냈다. 그런데 실은 전현무가 지식과 동떨어진 사람은 아니다. 언론사 여러 곳에 합격한 이력이 있으니, 특히 글쓰기 등 언어 능력이 뛰어나다고 추정할 수 있다. 그럼에도 그는 자신을 백치라도 되는 양 꾸민다. 의식적으로 계획하지 않았더라도 유익한 작전이다. 자신의 허술함을 적절히 드러낼수록 대중은 거부감을 덜 갖고 호감을 느낀다.

이와는 반대로 자신은 실패하거나 착오를 일으키지 않는다고 자신 있게 말하는 연예인들도 있는데, 그들은 당당한 표정으로 자존심을 지켜냈을지는 몰라도 대중의 전폭적인 사랑은 스스로 거절한 셈이 된다. 정밀 기계처럼 정확하고 빈틈 없는 사람은 사랑받지 못한다. 스타와 팬 사이뿐 아니라 연인 사이에서도 마찬가지다. 특히 같은 분야에서 나를 꺾고 활약하는 경쟁 상대는 진심으로 좋아하기 어렵다. 누구보다 자기 자신을 가장 사랑하는 인간 심리 때문이다.

🙂 동질감이 사랑을 키운다

네 번째 사랑의 묘약은 동질감이다. 비슷하면 서로를 좋아한다. 유사성이 사랑을 키우는 이유는 두 가지다.

먼저 사람의 이상한 자아도취성 확신 때문이다. 우리는 자신과 비슷한 의견이나 취향을 가진 사람을 똑똑하다고 믿는다. 나와 닮았다는 점이 현명함의 물증이 되는 것이다. 우리는 누구나 어느 정도는 자아도취에 빠져 있기 때문에 내가 똑똑하니까 나를 닮은 사람도 지성적이라고 믿는 건 어쩌면 당연하다.

두 번째 이유는 응원 효과 때문이다. 나와 같은 취향을 가진 사람은 내 취향의 응원단이다. 나와 같은 생각을 가진 사람도 내 철학의 지지자다. 고맙고 사랑스러울 수밖에 없다.

하지만 유사성이라고 해서 인생관처럼 크고 중요한 공통점이 필요하지는 않다. 작은 유사성도 두 사람을 급격히 가깝게 만든다. 왜냐하면 인간의 낙관적 상상력 때문이다. 심리학자 엘리엇 애런슨이 설명하기로, 사람들은 작은 공통점을 발견하면 큰 공통점이 있을 거라고 가정해버린다. 가령 좋아하는 치킨 요리의 종류만 같아도 가치관이나 문화적 취향까지 비슷할 것이라고 자기도 모르게 낙관한다는 의미다.

아무리 작은 것이라도 공통점을 찾으면 친해진다. 음식 취향, 성격, 말투, 옷차림 등에서 유사성을 찾아 표현하는 건 호감을 얻는 좋은 방법이다. 유재석 스타일대로 말하면 효과적이다.

"저도 그렇지만 당신도 수줍은 편이네요."

"저도 자신감을 잃고 주저할 때가 많아요."

"책 읽기가 무척 싫죠? 저도 그래요."

"너무 걱정 마세요. 단순한 실수예요. 당황하면 저도 그렇게 되더라고요."

나도 당신과 비슷하다고 말하면 상대는 기분이 좋아지고 반사적으로 호감을 갖는다. 좋은 공통점만 통하는 게 아니다. 심지어 상대의 단점을 지적할 때조차 '나도 그렇다'고 말하면 서로를 이해하며 기분 좋게 웃고 떠들 수 있다.

사람들은 비슷한 사람을 찾아 헤맨다. 정반대의 성격을 가진 사람을 원하는 심리도 있지만, 그 경우에도 취향의 공통점을 분주하게 찾는 게 인간 심리다. 매의 눈으로 공통점을 찾고 친근하게 표현해주면 된다. 상대에게 사랑과 호감과 기쁨의 싹이 틀 것이다.

경청하는 눈빛이
감동을 준다

어떻게 하면 돈을 더 벌고 더 인정받을 수 있을까? 사랑하는 가족, 연인, 친구와 더 가까워지려면 어떻게 해야 할까? 사회적 성공과 개인적인 행복을 모두 선물하는 태도가 있다. 바로 경청이다.

경청傾聽에서 경은 '기울 경'이므로 기울여서 듣는다는 뜻이다. 귀를 기울이고 고개를 기울이고 몸을 기울여서, 다시 말해 온 마음으로 집중해서 듣는 게 경청이다. 경청하면 친구와 가까워진다. 마음을 열고 가족과 대화할 수 있다. 성공의 가능성도 열어준다. 상품이나 서비스를 더 많이 팔 수 있고 동료 사이에서는 호감도가 높아진다.

그런데 이 중요한 삶의 기술인 경청을 어디에서 배워야 할까? 가르쳐주는 곳이 많지 않은데 등잔 밑을 보면 무릎을 치게 된다. 매일 보는 TV 속에서 경청 강의가 진행되고 있다. 강사는 유재석이다. 우리도 몰랐던 천재적인 경청가가 우리 곁에 있는 것이다. 그는 말하기 능력과 유머 감각도 뛰어나지만 최대 장기는 뭐니뭐니해도 경청 능력이다. 세계 경청 선수권 대회가 있다면 당연히 국가대표로 참가할 것이다.

하지만 경청이 그렇게 단순한 행위는 아니다. 세부 기술이 많다. 커뮤니케이션 이론에서 말하는 경청의 기술에는 집중하기, 표정과 자세 관리하기, 이해하기, 기억하기 등 여러 가지인데 가장 중요한 것은 '반응하기'다. 적극적이고 긍정적으로 반응해야 경청이라고 할 수 있다. 반대로 아무리 온 마음을 다해 듣는다 해도 적절하게 반응하지 않으면 경청이 아니다. 경청의 핵심은 반응이다. 그렇다면 유재석은 어떻게 반응할까?

◉ 놀라울 만큼 다채로운 리액션

〈유퀴즈온더블럭〉에 배우 공유가 출연해 MC들과 즐거운 대화를 나눴다. 유재석은 어떻게 저럴 수 있을까 싶을 정도로 다양한 반응을 보였다.

> (공유가 스스로 출연을 결정했다고 하자) "아하, 공유는 그럴 줄 알았어요."
> (공유가 〈유퀴즈온더블럭〉을 다는 못 본다고 하자) "어어 그런 거지, 뭐."
> "맞아요, 맞아요. 그러네."

"맞아, 맞아, 맞아."

"자기도 아네, 멋있는 거."

(공유가 이동욱은 여우 같다고 하니) "이히히히, 긴급 속보입니다. 이동욱은 여우다."

(감탄하면서) "야, 센스가 있네~"

(공유가 가족을 실망시킨 적이 있다고 하자) "아, 뭔지 알지."

(동의하는 의미로) "그러니까요~"

"너무 공감이 가."

(궁금해하며) "아, 그래요?"

"아, 진짜?"

(안타까운 듯이) "아이, 참 또…."

(손뼉 한 번 치고는) "그거 알죠~"

(놀란 표정으로) "어후~"

"아이고, 나 참. 진짜."

일부만 옮겼는데 놀랍다. 어쩌면 저렇게 다채로운 반응을 보일 수 있을까? 유재석이 가만히 앉아서 편하게 돈을 벌고 명예를 얻는 게 아니다. 그는 카메라 앞에서 엄청난 정신노동을 한다. 상대를 면밀히 살펴보다가 수십 수백 개의 반응 패턴 중 필요한 하나를 골라서 던진다. 그런 관찰과 분석과 선별의 과정을 몇 시간 동안 지속하는 것은 무척 힘든 일이다. 모니터를 뚫어지게 보는 주식 투자자, 취업 공부에 집중하는 청년, 논문 쓰기에 몰입한 학자처럼 유재석도 자신만의 정신노동을 고되게 수행하면서 그 결과로 사회적 성공을 일군 것이다.

☺ 경청 반응의 세 가지 요소

그런데 분석해보면 유재석의 반응에는 규칙이 있다. 첫 번째로 상대의 감상을 존중한다. "그거 알죠"라고 외치면서 대화 상대의 감정과 의견을 진심으로 인정하는 것이다. 두 번째로 상대를 칭찬한다. 예를 들어서 "센스가 있네"는 인터뷰이를 기분 좋게 띄워주는 말이다. 세 번째로 감정에 동조한다. 함께 기뻐하고 안타까워하는 것이다. '아하' '나 참' '아이고'라고 말하면서 상대방의 감정 변화에 빠르고 정확히 동조한다. 우리도 그렇게 할 수 있다. 인정, 칭찬, 동조하는 반응을 보이면 되는 것이다.

인정	"네 말이 맞아. 분명히 근거 있는 주장이야." "그렇게 느끼는 게 당연하지." "너는 그렇게 느낄 권리가 있어."
칭찬	"그건 뛰어난 아이디어야." "너는 큰 친절을 베풀었던 거야. 훌륭해." "너는 역시 감각이 좋아."
동조	"나도 동감이다." "나 같아도 그랬겠다." "어휴, 내 속이 다 터진다."

아주 쉽다. 상대를 인정하고 칭찬하는 말을 하는 건 간단하다. 상대의 의견이나 감정에 동조하는 것도 딱 한마디로 가능하다. 그렇게 유재석처럼 반응하면 우리도 경청의 실력자가 될 수 있다. 유재석의 웃음을 배워도 좋다. 그의 웃음소리는 감탄사만큼이나 다양하다.

(호들갑스럽게) 하하하하하
(못 참겠다는 듯이) 키키키키
(손뼉을 치며 허리를 굽히고) 깔깔깔
(폭발하듯) 으하하하
(익살스러운 표정으로) 이히히히

웃음도 세밀하게 나누면 수십 가지 종류가 되는 것 같다. 유재석은 그 많은 종류의 웃음을 터뜨리면서 상대에게 메시지를 던진다. '너무 재미있어요. 더 이야기해주세요'라고 말이다. 대화 상대가 그런 반응을 보이면 인터뷰이는 밤새도록 이야기하고 싶어진다.

경청하지 못하는 사람은 웃지 않고 놀라지 않고 흥겨워하지 못한다. 거칠고 딱딱하다. 근엄한 돌덩어리와 즐거운 대화를 나눌 수는 없다. 유재석은 웃고 놀라고 즐거워한다. 부드럽고 탄성이 높은 고무공 같다. 유재석과 대화하면 신나게 뛰어노는 기분이 된다.

☺ 슬퍼도 다시 한 번

공유와 나눈 대화는 무척 즐거웠다. 하지만 유재석은 무겁고 슬픈 이야기를 나눌 때도 다양하게 반응하면서 경청 능력을 증명한다.

〈런닝맨〉에서 방송인 김종국이 유재석에게 고민을 털어놓는 장면이 있었다. 프로그램에서 터프한 캐릭터를 맡은 그는 마음이 자주 불편했다. 역할에 맞춰서 심하다 싶을 만큼 일부러 공격적으로 말하고 행동하는데, 그게 동료들에게 상처가 되지 아닐까 걱정이라고 했다. 그렇다고 거친 캐릭터를 버리면 방송에서 활용 가치를 잃게 될 테니 딜레마라고도 했다. 역시 걱정과 아픔이 없는 사람은 세상에 없다.

유튜브에 공개된 영상을 기준으로 김종국의 쓸쓸한 심경 토로는 약 90초 동안 이어졌고 유재석은 온 마음을 다해서 들었다. 경청의 명백한 증거는 그의 진심 어린 반응의 횟수다. 유재석의 반응은 90초 동안 최소 15번 있었다.

(동의하며) "네가 맡아야 할 악역이 있으니까…."

(김종국이 웃자 따라 웃는다) "허허."

(동의를 표하며) "아, 그럼."

(고개를 끄덕이며) "그래, 그래."

(조금 높은 목소리로 동의하며) "당연하지. 그건 당연한 거지."

(때로는 고민이 된다고 하자) "음…."

(동의하며) "왜냐하면 우리가 몸을 부딪치고 격하다 보니까 어쩔
수가 없어."

(동의하며) "그래~"

(안타까운 표정으로 고개를 끄덕이며) "으~응."

(슬픈 표정으로 끄덕끄덕) "음….'

(눈을 감으며) "그래."

(김종국의 말끝을 따라하며) "그렇게 하면 (방송에서) 안 써주고…."

(힘들었다고 말하자) "쓰읍… 음… 맞아."

(김종국의 말끝을 따라하며) "그렇게 되고…."

(이해한다는 의미로) "응… 음… 음…."

유재석은 대화의 처음부터 끝까지 반응했다. 그가 공감하고 이
해를 표현한 횟수가 90초 동안 15회, 즉 6초에 1회꼴이었다. 이야기를
듣는 동안에도 유재석의 입은 휴식을 모른다.

김종국과의 대화에서는 유재석은 두 가지 반응을 보였다. 먼저
"당연하지"라거나 "그렇게 되고"라고 말하면서 상대의 마음을 인정했
다. 또 "음"이라면서 안타까운 표정을 짓고 상대방의 아픔에 동조했다.
진지한 대화여서 칭찬은 하지 않았다. 김종국은 유재석이 자신의 고민
과 걱정을 경청한다고 확신했을 것이다. 누군가가 진심으로 자신의 이
야기를 들어주는 건 포옹보다 더 따뜻한 위로이고 응원이다.

경청 능력에서 유재석의 경쟁자가 있다면 미하엘 엔데Michael

Ende가 쓴 소설 《모모Momo》의 주인공이다. 10살 정도 된 소녀 모모는 어느 날, 연고도 없는 마을에 홀로 나타난다. 모모는 작고 깡말랐다. 머리는 뒤엉켜 있었고 신발도 없어서 발바닥이 새까맸다. 가족이 없는 모모는 마을 사람들이 마련해준 작은 집에서 살게 된다.

누가 봐도 모모는 거지 소녀였다. 하지만 마을 사람들은 모모를 멀리하지 않고 아이와 가까이 지냈다. 어른 아이 할 것 없이 모모 집으로 와서 함께 이야기하고 놀면서 시간을 보냈다. 그러면서 모모는 위로를 주는 존재가 된다. 사람들은 힘든 일이 있으면 모모를 찾아와서 고민을 털어놓기 시작했는데 신기하게도 고민이 모두 해결되었다. 모모의 특별한 경청 능력 덕분이었다. 모모는 남의 말을 진심으로 듣는 아이였다. 모모가 마음을 다해서 들어주면 사람들의 마음은 저절로 풀리고 밝아졌다. 처음에는 모모가 마을 사람들에게 얹혀살았지만 머지않아 의존관계가 역전된다. 경청하는 열 살 소녀에게 마을 사람 모두가 의지하게 된 것이다.

앞서 말했듯이 경청은 많은 것을 준다. 친구와 가족 그리고 이웃과 행복하게 지내도록 도와줄 뿐 아니라 사회생활에서 크고 작은 이득을 준다는 사실은 학자들의 여러 연구를 통해서 확인되었다. 아래는 영국의 커뮤니케이션 연구가 오웬 하지Owen Hargie가 기존의 연구 결과를 종합 정리한 것이다.**

[경청이 주는 이득]

개인적 이득	직장에서의 이득
가족관계가 좋아진다. 대화 등 상호작용의 즐거움이 커진다. 상대의 자존감을 높인다. 학교 성적이 향상된다. 친구가 많아지고 삶의 만족도가 높아진다.	고객과 직원의 만족도가 높아진다. 생산성이 높아진다. 실수가 줄어들고 업무 효율이 높아진다. 판매 실적이 늘어난다. 혁신과 창의성의 조건이 마련된다.

경청하는 학생은 당연히 성적도 좋다. 수업에 귀 기울이는 훈련이 안 된 학생들의 성적은 떨어지기 쉽다. 경청을 하면 가족이나 친구와의 사랑도 더 깊어진다. 자신의 이야기를 진심으로 들어주니 마음을 열 수밖에 없다. 또한 경청은 상대의 자존감을 높여준다. 누군가 내 이야기를 잘 들어주면 내가 가치 있는 사람으로 느껴지기 때문이다.

경청은 직장에서도 많은 이득을 가져온다. 고객의 말을 경청하면 고객 만족도가 높아질 수밖에 없다. 직장 내부에서도 경청의 문화는 직업 만족도와 생산성을 높인다. 창의성도 경청의 산물이다. 무에서 유를 창조하는 것은 사실은 불가능하다. 다른 사람의 의견에 귀 기울이다 보면 아이디어가 번쩍 떠오를 때가 있다.

이 모든 것이 새로운 이야기가 아니다. 경청이 개인의 삶을 비옥하게 만들고 사회적 성공을 가져온다는 것은 증명할 필요가 없는 공리에 가깝다. 그런데도 왜 우리는 경청을 어려워할까? 왜 연인이나 친구의 말에 귀 기울이는 것도 힘들어할까? 경청을 방해하는 요인이 우리 마음에 있기 때문이다.

먼저 선택적 지각이 문제다. 선택적 지각이란 정보의 일부만을 선택적으로 받아들이는 현상을 가리킨다. 원치 않는 정보는 필터로 걸러서 원천 차단하는 것이 인간 지각의 숨은 원리다. 예를 들어 우리는 지지하는 정치인에게 불리한 정보는 믿지 않는다. 스포츠 경기를 볼 때도 우리 팀의 반칙은 눈에 들어오지 않고 상대팀의 잘못만 선택적으로 과장해서 지각한다. 인간은 공평하고 객관적으로 정보를 지각하기 어려운 존재인 것이다.

이야기를 들을 때도 마찬가지다. 우리는 상대의 이야기를 필터링해서 일부만 수용하고 나머지는 잠재의식으로 내려보낸다. 선택적 듣기를 하는 것이다. 신념, 편견, 두려움, 우월감 등이 바로 필터 역할을 한다. 그 모든 정신 세팅을 완전히 삭제하기는 힘들어도 줄이려고 노력해야 한다. 편견이나 우월감을 버리고 열린 마음으로 들어야 선택적 듣기 성향에서 벗어날 수 있다.

경청을 막는 두 번째 원인은 무거움이다. 모모에게는 무거움이 없다. TV 속 유재석에게도 없다. 모모는 맑고 유재석은 즐겁다. 마음이 탁하거나 무거운 사람은 대화하면서 웃고 떠들고 신나게 반응할 수 없다. 우리는 마음이 어둡고 슬퍼서 경청하지 못한다. 당장 행복하고 감사하고 기뻐하기로 결심하면 도움이 된다. 그때부터 사랑하는 사람의 말이 귀에 들어오기 시작할 것이다.

타인의 아픔을 상상하기, 공감 능력

공감 능력이 부족한 사람이 적지 않다. 지금 내 앞에 앉아 있는 사람은 어떤 감정일까? 서운할까, 기쁠까, 아니면 기대에 들떠 있을까? 상대의 감정을 추측해서 그 감정을 존중하고 같은 감정을 느끼는 것이 공감 능력이다. 상대방 생각의 배경을 상상하는 것도 공감 능력이다. 이 사람은 왜 이런 주장을 하게 되었는지 그 이유나 경위를 알아맞히면 공감 능력이 높은 것이다.

공감 능력 수준을 테스트하는 방법도 많다. 아래는 미국 UC버클리대학의 '공공 이익을 위한 과학 센터Greater Good Science Center'가 온라인에 공개한 테스트 항목의 일부다. 매우 그렇다, 대체로 그렇다, 대체로 아니다, 매우 아니다 중에서 하나를 골라 답하면 된다.

1. 주변 사람이 슬퍼하면 나도 슬퍼진다.
2. 친구나 애인을 행복하게 만들 방법이 쉽게 떠오른다.
3. 누군가 모욕을 당하면 나도 기분이 상한다.
4. 다른 사람의 관점을 쉽게 이해한다.
5. 내 의견이 옳다는 확신이 들어도 다른 사람의 주장을 들어본다.
6. 누군가 나의 마음을 상하게 하면 먼저 그의 입장에서 생각해본다.

'매우 그렇다'는 답이 많으면 공감 능력이 높은 것이다. 테스트를 해보면 알겠지만 공감은 쉽지 않다. 나의 생각에 반대하거나 나의 감정을 다치게 한 사람의 마음까지도 상상하는 게 공감이다. 공감은 인간의 고차원적인 능력인 것이다.

하지만 갖기 힘든 만큼 큰 이득은 준다는 게 해외 연구의 공통된 결론이다. 공감 능력은 경청 능력만큼이나 성공의 중요한 비결이다. 공감 능력이 높은 사람은 인간관계가 좋다. 또한 직장에서 설득력과 리더십이 강화된다. 상대의 마음을 알아야 상대를 움직일 수 있는 건 당연한 일이다. 상품과 서비스 판매 실적도 고객의 감정을 읽는 사람이 더 높다. 요컨대 공감도 경청처럼 개인적 행복과 사회적 성공을 모두 가져다주는 자질이다.

행복하고 싶다면 공감해야 한다. 성공하고 싶다면 공감 능력이 필수다. 다행히도 공감 능력은 연습을 통해서 배울 수 있다는 게 정설이다. 모범적인 사례를 보고 배우고 따라하면 충분히 공감 능력이 높은 사람으로 성장할 수 있다. TV 속의 공감 대왕 유재석과 유튜브의 공감 여왕 재재가 보여준 실례를 활용해 공감 능력이 높은 사람의 특징 다섯 가지를 정리했다.

☺ 남의 마음을 상상한다

공감 능력이 높은 사람은 남의 마음을 상상한다. 배우 최민수와 아내 강주은이 〈해피투게더〉에 출연했을 때였다. 아내는 남편의 돌발 행동 때문에 난처했던 경험을 전했다. 최민수가 동호회 모임에서 노래를 부르다가 난데없는 이야기를 꺼냈다. 용돈이 부족해서 어려우니 은행 계좌로 송금을 해달라면서 친하지도 않은 사람들에게 손을 벌린 것이다.

강주은은 이 일화를 전하면서 사람들이 크게 웃을 거라고 기대했을 것이다. 하지만 출연진은 그렇게 즐거워하지 않았다. 게스트가 준비한 회심의 스토리가 힘없이 마무리되려고 하니 위기 상황이었다. 그때 유재석이 재빨리 개입해서 웃음을 터뜨렸다.

유재석 그런데 입금이 실제로 되었습니까?

최민수 하나도 안 오더라.

(출연진들 폭소)

유재석은 만족하지 않고 추가 질문을 던졌다.

유재석 그러면 얼마 정도 입금될 거라고 생각하셨나요?

최민수 거기서도 이야기했어요. 50만 원만 달라.

(출연진들 폭소)

유재석이 싸늘해지던 분위기를 되살렸다. 어떻게 그럴 수 있었을까? 순발력이나 재치 때문이었다고 할 수도 있겠지만 정확하게 말하자면 공감 능력 덕분이다. 유재석은 최민수의 마음을 상상했다. 당시 최민수가 원했던 것은 돈이다. 그런데 정말 송금이 되었을까? 최민수가 어느 정도의 액수를 기대했을까? 결과에 실망하지는 않았을까? 유재석은 그렇게 최민수의 마음을 상상한 후에 그가 속마음을 터놓도록 유도했고, 결과는 폭소였다.

유재석의 질문은 결국 '그때 당신의 마음은 어땠나요?'와 다르지 않았다. 질문을 받은 최민수는 어떤 심정이었을까? 그는 신난 어린아이처럼 적극적으로 이야기했다. 자기 마음을 털어놓는 것은 지극한 쾌감을 준다. 상대의 마음을 상상하면서 질문하면 상대는 아주 기뻐한다. 실생활에도 적용할 수 있다.

"팀장님, 그때 심정이 어땠나요?"

"너 그런 일이 있었어? 얼마나 신났을지 궁금하다."

자신이 가진 것이나 지위를 자랑하는 것도 대화의 큰 즐거움이지만 자신의 깊은 마음을 토로하는 것도 행복하다. 엄마에게 기쁘거나 슬펐던 일을 실컷 털어놓은 어린아이도, 고해성사를 마친 어른도 그런 심정일 것이다.

공감 능력이 높은 사람들은 '저 사람의 마음은 어땠을까'를 상상하고 질문한다. 그럴 때 상대방은 마음의 문을 활짝 열고 춤추듯이 기쁘게 말하기 시작할 것이다.

☺ 타인의 상황에 나를 대입한다

공감 능력자들은 타인에게 나를 대입하는 상상력을 갖고 있다. '내가 저 사람이라면 어떨까?'라고 상상하는 것이다.

〈해피투게더〉에서 한 출연자가 소속 기획사의 어려웠던 시절을 회고했다. 돈이 부족했던 사장이 하루는 딸의 돼지저금통을 몰래 들고 나왔고 주유소에서 직접 갈라서 주유비를 지불했다고 했다. 딸의 돼지저금통까지 털어야 했던 아빠의 심정은 얼마나 아팠을까. 이 이야기에 두 명의 MC는 다른 반응을 보였다.

MC 1 사장님이 (돼지저금통을) 미리 뜯어서 오지 왜 현장에서…?
(출연진들 작은 웃음)
유재석 이것(딸의 저금통)까지 쓰고 싶지는 않았다는 거예요. 따님의 돼지저금통이기 때문에 그걸 여는 데 한참을 고민했을 (거예요).

MC 1은 웃기기 위해 일부러 짓궂게 말했을 것이다. 그래도 그의 말은 공감 없는 말이다. 그는 가난한 아빠의 아픔이나 슬픔을 못 본 척하고 말았다.

유재석은 달랐다. 그는 아빠의 마음을 깊이 이해했다. 역할 대입 상상력 덕분이다. 유재석은 딸의 돼지저금통을 훔쳐 나온 아빠의 처지에 자신을 대입했을 것이다. 가난한 아빠의 고뇌와 부끄러움을 상상 속에서 체험하지 않고서는 그런 공감 어린 말을 하기 어렵다.

〈문명특급〉의 MC 재재도 타인의 입장 속으로 들어가는 데 탁월해 보인다. 신동엽이 출연한 회차에서 그는 어린 시절의 아픈 기억을 털어놓았다. 교사였던 아버지를 만나러 갔다가 누군가가 아버지를 야단치는 장면을 본 것이다.

신동엽 선생님이던 아버지가 교감 혹은 교장 선생님에게 혼나는 모습을 보고 아버지가 저렇게 힘들게 일하시는구나 하고 깨달은 적이 있는데, 아버지도 내 방송을 보면 똑같이 '저 순한 것이… (라면서 마음 아파하실 것이다).'

재재는 이 말에 뭐라고 했을까?

(1) 그럴 수 있겠네요.
(2) 정말 눈물 날 뻔했어요.

(2)라고 말했다. 정확히 옮기면 이렇다. "이 말을 하기 위한 감정 선을 처음부터 끝까지 놓치지 않으신다. 정말 눈물 날 뻔했다."

재재는 신동엽의 이야기에 몰입했다. 그리고 자신이 공감했음을 '눈물이 날 뻔했다'는 말로 표현한 것이다. 이러한 표현은 단순히 '이해한다'거나 '그렇겠다'는 표현보다 훨씬 더 깊이 공감했음을 보여준다.

◎ 내가 남에게 끼칠 영향을 상상한다

공감 능력이 뛰어난 사람은 자기 언행이 어떤 영향을 끼칠지 자주 상상한다. 〈무한도전〉에서 있었던 일이다.

> **유재석** 어제가 바로 수험생 여러분의 수능 성적이 발표된 날입니다.
> (출연자 1, 축하하듯 신나게 박수 친다.)
> **유재석** 박수칠 일은 (아닌 것 같아요)…. 고민에 빠진 학생들도 굉장히 많거든요.

많은 사람이 출연자 1처럼 자기 행동의 결과를 생각하지 않는다. 아마 시청자 중에는 점수가 낮아서 걱정인 수험생과 가족도 있을 것이다. 그들은 출연자의 박수 소리 때문에 속이 상할 테지만, 출연자 1은 거기까지 생각이 미치지 못했다. 유재석은 은연중에 다른 사람에게 끼칠 영향을 생각해야 한다고 메시지를 전한 것이다.

〈유퀴즈온더블럭〉에서 치킨과 골뱅이를 먹을 때도 유재석은 자기 행동의 영향에 대해 고민했다. 비슷한 말을 두 번이나 반복했다.

유재석 야심한 밤에 치킨을 먹는 건, 보시는 분들에게는 정말 큰 곤욕이에요.

아, 진짜 죄송합니다. 이 야밤에 이거 먹는 거는 참 어떻게 보면 (시청자에게) 너무 힘든 거예요.

맛있는 야식을 먹는 연예인들은 보통 맛을 음미하면서 행복한 표정을 짓느라 정신이 없다. 유재석은 달랐다. 맛있는 음식에 빠져 있지 않았다. 대신 자신의 행동이 다른 사람에게 전달할 다른 감정을 상상했다. 닭고기와 골뱅이를 먹는 모습을 보며 갈등에 빠진 사람들의 모습을 상상한 것이다. 유재석에게는 보이지 않는 시청자의 마음도 공감 대상이다.

유재석처럼 자신이 타인에게 끼칠 영향을 염려하면 좋은 사람이 된다. 우리도 실생활에 적용할 수 있다. 내가 남에게 끼칠 피해를 염려하는 말을 자주 하면 된다.

"내 말 때문에 네가 속상할 것 같아서 걱정이야."
"나 때문에 힘들지 않았어요?"

보통 사람은 저런 공감의 말을 꺼내기 어렵다. 겁이 나서다. "맞아, 너 때문에 힘들어"라는 말이 돌아올까 봐 두려워서 갑옷을 벗지 않는다. 하지만 유재석 같은 공감 능력자는 타인에게 폐를 끼치지 않을지 염려하는 마음을 겁 없이 드러낸다. 그런 과감한 배려의 자세가 타인을 감동시키고 나에 대한 평가를 높인다.

☺ 진심으로 감사한다

감사의 마음은 공감 능력과 함께 다닌다. 공감 능력이 높은 사람은 진심으로 감사할 수 있다. 유재석의 수상 소감을 분석해보면 알 수 있다. 그의 인사 패턴은 매번 똑같다. '우리 막내 작가' '우리 책임 PD' '우리 카메라 감독님' 등 꼭 '우리'를 붙여 호명한다. 제작진 모두를 가까운 사람으로 여긴다는 마음이 드러난다. 그런데 이 따뜻함보다 더 중요한 게 있다. 유재석이 호명하는 사람의 숫자다.

〈2020 MBC 방송연예대상〉에서는 부모, 장인, 장모, 아내, 자녀, PD 여러 명, 작가 여덟 명, FD 두 명, 카메라 감독 세 명, 오디오팀, 조명팀을 언급했으며 조세호, 이적, 유희열을 비롯한 10여 명의 동료 이름도 말했다. 이름만 기억했다가 단순 열거하는 것이 아니다. 감사의 이유도 사람마다 다르다. 〈2009년 MBC 방송연예대상〉의 수상 소감 중 일부를 옮겨본다.

"존경하고 사랑하는 호동이 형, 그리고 정말 사랑하고 좋아하는 미선이 누나, 생일 축하 인사도 못 건넸는데 휘재야, 생일 축하한다. 그리고 상을 직접 주신 이경규 선배님, 그리고 이경실 누나, 그리고 시상식에 늘 함께해주는 제동이."

유재석은 감사할 줄 아는 사람이다. 더구나 막연하게 감사하거나 인사치레로 고마워하지 않는다. 그는 누가 어떤 면에서 감사한지 세세하고 구체적으로 기억했다가 인사를 전한다.

우리는 어떤가. 직장 동료에게 감사한 이유를 몇 가지나 말할 수 있을까? 연인이나 친구가 왜 고마운지 구체적으로 표현할 수 있는 사람은 또 얼마나 될까? 많지 않을 것이다. 소중한 사람들이 나를 어떤 마음으로 도와주는지 세심하게 신경 쓰지 못하는 것이다. 대충 감사하는 것은 쉽다. 진심으로 섬세하게 감사하는 게 어렵다. 사람들이 어떻게 나를 아끼는지 꼼꼼히 살펴야만 진심으로 감사할 수 있다.

◉ 대화 상대자를 조건 없이 응원한다

공감 능력은 열정적인 옹호로 표현된다. 마음을 다해서 상대의 이야기를 듣고 온 힘으로 응원하는 것이 공감 능력자의 특징 중 하나다.

〈문명특급〉에 배우 윤여정이 출연했을 때다. 그녀는 협찬 없이 옷을 모두 자비로 사 입는다고 말했고 MC 재재는 놀라워했다.

재재	아~ 진짜?
윤여정	협찬을 내가 안 받는 게 아니고 안 해줘요.
재재	헉! 왜요?
윤여정	늙은 사람이 입으면 안 산대.
재재	(어이없다는 표정으로) 무슨 소리야?

재재는 인터뷰이가 하는 말에 완전히 빠져든다. 그리고 주저하지 않고 편을 든다. "헉!"이라고 감탄사를 뱉으며 놀라워하고 "무슨 소리야?"라면서 함께 분노해준다. 공감 능력이 뛰어난 사람은 대화 상대의 편이 되어준다. 평가나 반론 제시는 미뤄두고 일단 듣고 인정하고 안아주는 것이다. 재재는 대화 상대자를 조건 없이 수용하고 응원한다.

☺ 그래서 어떻게 대화해야 할까

이제 실전 연습을 해보자. 실생활에서는 어떻게 말해야 공감 대화를 할 수 있을까? 비폭력 대화의 창시자인 미국 심리학자 마셜 로젠버그Marshall Rosenberg가 강조하는 것처럼, 상대의 감정을 파악하기 위해 몰두하는 것이 가장 중요하다.*** 조언이나 판단은 나중 문제다. 말하는 사람의 마음에 집중해야 공감 대화가 성립된다. 예를 들어보자. 첫 번째 예시에서는 체중 문제로 고민하는 사람이 등장한다.

A 살이 계속 쪄서 속상해.

B 조깅을 해봐. 도움이 될 거야.

마셜 로젠버그가 제시한 예다. 그는 B가 공감 대화를 한 게 아니라고 평가한다. A의 마음에 관심이 없기 때문이다. 체중 때문에 A가 얼마나 속상하고 어떤 스트레스를 받는지 물어보는 게 옳은데, B는 성급하게 해결책부터 제시한 것이 문제다. 그러면 아래 연인의 대화는 어떨까?

A 너는 나를 더 이상 사랑하지 않는 것 같아.

B 무슨 소리야. 너를 정말 사랑해. 나를 믿어줘.

공감 대화일까? B는 A의 마음속으로 들어가는 상상을 했을까? 아니다. 상대를 이해하기보다는 방어하느라고 바빴다. 가령 "요즘 내가 시간을 내지 못해서 많이 섭섭했구나"라고 말했어야 한다. 또는 "나 때문에 실망이 컸구나"라고 해도 좋다. 그래야 A의 마음을 알아낼 수 있다. 바로 공감 대화가 가능한 것이다. 이번에는 회사 동료 간의 대화다.

A 오늘 프레젠테이션 때 큰 실수를 했어. 내 자신이 미워.

B 누구나 실수는 해. 잊어버려.

B는 성급했다. A가 얼마나 낙심했는지 묻고 이해하는 과정을 거쳐야 했다. 가령 "어휴, 어쩌냐? 괴롭겠다. 내 마음까지 다 아프다"라고 말한 후에 잊으라고 했다면 공감 대화가 될 수 있었을 것이다. 수험생과 아버지의 다음 대화 방식은 어떤가?

아버지 요즘 네가 공부를 하지 않는 것 같아서 걱정이다.
아들   제가 고3이 됐는데 공부를 하지 않으니 아버지가 걱정이 많으신 것 같아요. 대학도 못 가고 꿈을 펼치지 못할까 봐 그러신 거죠?
아버지 그래. 사실 아버지 마음이 그렇구나.
아들   근데 아버지, 저도 계획이 있어요. 그게 뭐냐면….

아들은 아버지의 마음에 관심을 갖고 충분히 공감하면서 자신의 이야기를 전했다. 보통은 그렇게 말하지 않는다. "저도 열심히 하고 있어요!"라고 소리치면서 반격하는 게 흔한 반응이다. 하지만 대화 속 아들은 성숙하다. 아버지의 걱정을 예상하고 정리까지 했다. 아버지는 아이와 나눈 이런 대화 덕분에 불안한 마음에서 벗어나 마음이 안정됐을 것이다.

자기애의 늪에
빠지는 사람들

사람들은 자기 스토리를 말할 때 짜릿한 행복감을 느낀다. 나의 슬픔과 기쁨, 좌절과 희망을 털어놓는 것은 무척 황홀한 일이다. 그런데 자기 이야기를 하는 건 좋은데 그 늪에 완전히 빠지면 큰 문제다. 독백이 아니라 대화중인데도 자기 이야기만 늘어놓는 사람들이 실제로 많다. 남이 말할 기회를 빼앗고 자기 말만 떠드는 사람만큼 지겨운 상대도 없다.

A   나 휴대폰 샀어.

B   나도 샀어. 이거 봐. 예쁘지 않니? 소프트웨어도 좋아. 터치감이 정확하거든. 지난달부터 사려고 벼르고 있던 거야. 너무 기분 좋아.

상대는 기분 좋을 리가 없다. 누가 입을 강제로 막은 기분일 것이다. B가 자기 이야기에 혈안이 되어 있어서 대화 분위기는 망가지고 말았다. 이렇게 자기 이야기만 하려는 성향을 대화 나르시시즘이라고 한다. 나르시시즘narcissism은 자기애, 즉 자신을 사랑하는 마음이다. 자기애가 강한 사람은 자신만 예쁘고 소중하다. 대화 나르시시즘도 똑같다. 자신의 이야기만 사랑해서 상대의 말은 배척하는 것이 대화 나르시시즘의 증상이다.

그런데 뜻밖에도 많은 사람이 이런 문제 성향을 가지고 있다. 우리 마음속에는 대화 나르시시즘이 도사리고 있으며, 언제든 모습을 드러낼 기회를 엿보고 있다. 대화의 초점을 내 쪽으로 낚아채려고 맹수처럼 기다리고 있는 것이다. 대화 나르시시즘이라는 개념을 만든 미국의 사회학자 찰스 더버Charles Derber는 대화 참여자의 반응을 두 가지로 나눈다. 대화의 초점을 자기 쪽으로 끌어오는 이동 반응shift response과 상대를 지원하는 도움 반응support response이 그것이다. 이동 반응을 자주 보이면 대화 나르시시즘에 젖어 있다는 증거다.

A   아, 배고파.

B   나는 배 안 고픈데. (이동 반응)

A   나는 배고파서 정말 쓰러질 것 같아. (이동 반응)

B   점심 안 먹었어? (도움 반응)

A   응, 시간이 없어서 못 먹었어.

B   힘들지? 나도 지난주에 점심을 굶은 적이 있어. 어지럽고 힘이 하나도 없더라. 너한테도 말한 적 있잖아. (이동 반응)

A   응, 기억나. 그런데 나는 배가 고파서 안 되겠다. 과자나 사러 가야겠다. (이동 반응)

B   나는 배불러서 필요 없어. (이동 반응)

참으로 형편없는 대화다. 친구가 배고프다고 말하면 딱하게 생각하고 "그러니?"라고 물어봐야 한다. 그게 도움 반응이다. 그런데 B는 '나는 배 안 고프다'고 했다. A도 이동 반응을 보였다. 친구가 지난주에 배가 고파 어지러웠던 경험이 있다고 말했는데 아무런 호응도 해주지 않았다. 대신 '나는 과자나 사러 가겠다'며 자기 생각만 말한다. 자기애에 빠져서 대화를 하고 있다는 증거다.

차라리 벽을 보고 이야기하는 게 낫다. 두 사람은 대화가 아닌 독백을 한 것과 다름없다. 하지만 슬프게도 우리는 이 이상한 나르시시즘 대화를 하루에도 몇 번씩 경험한다. 이동 반응만 보이는 사람과는 대화하지 말아야 한다. 피곤하고 괴롭다. 그리고 내가 대화 나르시시스트가 되어서도 안 된다. 남을 괴롭히는 것밖에 되지 않는다.

◉ 욕 먹지 않고 내 이야기를 하는 방법

그렇다고 내 이야기를 전혀 안 할 수는 없다. 감정과 의견을 말하지 않고 사는 것은 불가능하다. 게다가 좋은 대화는 서로 주고받아야 한다. 나의 이야기도 적절히 섞는 기술이 대화의 질을 높인다.

내 이야기를 하면서도 대화 나르시시즘에 빠지지 않는 방법이 있다. 첫 번째 기술은 도움 반응의 비율을 높이는 것이다. 다시 말해서 남 이야기와 내 이야기의 비중을 적절히 조절하는 것이다.

A 저는 요즘 잠을 잘 못 자요.
B 저도 지난달에 불면증 때문에 고생했어요. 매일 피곤하더라고요. 입맛도 없고 정말 힘들었어요.

B는 자기 이야기만 해서 대화의 질을 떨어뜨리고 말았다. 자기 이야기와 남의 이야기의 비율을 조절하면 훨씬 나아진다.

A 저는 요즘 잠을 잘 못 자요.
B 저도 지난달에 불면증 때문에 고생했어요. 매일 피곤하더라고요. 진짜 힘들죠? 불면증 치료는 받고 계세요?

이제 B는 자신의 이야기를 할 뿐만 아니라 상대방에게 말할 기회도 주었다. 이상적인 대화가 되었다.

두 번째 기술은 템포 조절이다. 기다렸다가 자기 이야기를 꺼내면 문제될 일이 없다.

A   차를 한 대 사려고 해.

B   그래? 그런데 요즘 길에 차가 너무 많아. 그래서 난 차는 집에 두고 지하철을 이용해.

A   그렇구나.

B   나는 차가 별로 필요 없더라고.

우리는 B처럼 대화하는 사람을 현실에서 자주 만난다. A가 먼저 이야기를 꺼냈는데 B가 이동 반응을 보이면서 재빨리 대화의 중심 자리에 앉았다. B는 전형적인 대화 나르시시스트다. A는 이런 대화가 계속되면 앞으로는 B와 대화하고 싶지 않을 것이다. 그런데 B가 개과천선하는 방법이 있다. 간단하다. 잠깐만 기다리면 된다.

A   차를 한 대 사려고 해.

B   어떤 종류로?

A   SUV가 좋을 것 같아.

B   지금 타는 차는 세단이잖아.

A   맞아. 주말에 여행을 다니려고.

B   좋은 생각이다. 부럽다. 그런데 사실 나는 요즘 차가 필요 없더라고.

A   그래? 왜 그렇지?

B는 기다렸다. A가 차를 사는 목적을 말할 때까지 경청하다가 슬기롭게 자기 이야기를 꺼냈다. B는 대화 지능이 높은 사람이다. 상대방이 이유를 묻고 나면 자신의 이야기를 해도 대화 나르시시스트라고 비난받을 염려가 적다.

좋은 대화를 위해서 딱 1분만 필요할 때가 많다. B가 A의 이야기를 들어주는 데 1분 정도밖에는 걸리지 않았다. 사람들은 고작 1분을 인내하지 못하고 끼어들어 대화를 망쳐버린다.

비난받을 걱정을 하지 않으면서 자기 이야기를 실컷 할 수 있는 세 번째 기술은 자기 낮추기다. 겸손한 자세를 유지하고 자기 단점까지 아무렇지 않게 드러내면, 아무리 오랫동안 자기 이야기를 떠들어도 사람들이 괴로워하지 않는다. 오히려 감복한다. 유재석은 〈놀면 뭐하니?〉에서 후배 개그맨들을 모아 놓고 이렇게 이야기를 시작했다.

"제가 예전에 그런 경험이 있습니다."

무시무시한 도입부다. 누군가가 저런 말로 이야기를 시작하면 보통은 자리를 피하고 싶다. 빤한 자아도취성 발언이 이어질 위험이 있기 때문이다. 십중팔구 자신이 겪은 고통을 과장하고 자신의 우월성을 강조하면서 존경을 강요할 게 분명하다. 하지만 유재석은 달랐다.

그는 자신의 우월성을 드러내는 대신 실수하고 좌절했던 경험을 털어놓았다. 신인 시절 TV 프로그램에 출연했지만 미숙했고 실수를 거듭했다고 회고했다. 스스로에게 실망해서 예능 프로그램 출연을 포기한 시기도 있다고 한다. 안쓰러운 실패담이다. 유재석은 자신처럼 긴장하거나 성급하게 굴지 말라고 후배들에게 당부한다. 자신을 따르라는 것이 아니라 자신을 닮지 말라는 이야기다. 자아도취가 없는 발언이다. 누구도 그가 대화 나르시시즘에 빠졌다고 비난하지 않을 것이다.

〈나는 남자다〉에서 유재석은 자신을 겁쟁이라고 인정했다. "솔직히 말하면 나는 혼자 여행을 마음먹은 적도 없고 한 번 가본 적도 없어요. 무서워요"라고 고백했다. 아빠가 되고 나서 달라졌을 수도 있지만 젊은 시절 유재석은 겁이 많은 사람이었다. 그런 사실을 두려움 없이 말한다. 용기 있는 겁쟁이인 것이다.

유재석은 모욕당했던 일도 스스럼없이 털어놓는다. 자신이 무명이던 시절, 한 PD에게서 "너는 C급이야"라는 말을 들은 것이다. 누가 들어도 상처받을 만한 말이다. 그런데 유재석은 뜻밖에도 마음이 괜찮았다고 한다. "나는 그때 기분이 좋았어요. 나는 D급이라고 생각했거든요." 자신을 한없이 낮은 사람이라고 생각하면 두려울 게 없다. 자존심을 지키겠다는 욕심을 접으면 더 이상 상처받지 않는다.

유재석은 직업상 말을 참 많이 한다. 그리고 그 말 중에서 상당 부분이 자기 이야기다. 시청자는 절친한 친구나 연인보다 유재석의 스토리를 더 자주 듣기도 한다. 그럼에도 피곤하지 않은 이유는 그가 겸손하기 때문이다. 자신을 낮추는 사람은 모든 대화에서 누구에게나 환영받는다.

☺ 토크의 여왕도 실수한다

이제 우리는 나르시시즘에 빠지지 않는 대화의 규칙을 정리할 수 있다.

> (1) 기회를 나눠 갖는다. 자기만 대화의 주인공이 되려고 하지 않는다.
> (2) 기다린다. 상대가 이야기할 시간을 준다. 1분만 기다리면 모두가 만족스러운 즐거운 대화를 할 수 있다.
> (3) 자기 자랑은 넣어둔다. 겸손해야 한다. 자랑은 반감을 부른다.

하나 더 덧붙이자면 대화에 집중해야 한다. 앞에서 말했듯이 나르시시즘은 우리 가슴속에 숨어 도사리며 언제 모습을 드러낼지 기회를 본다. 긴장을 늦추는 순간 우리는 자기애의 늪으로 빨려 들어가고, 횡설수설 자기 이야기를 늘어놓는다. 그런 실수는 토크쇼의 여왕도 피하기 어렵다.

코로나19가 한창이던 2020년 11월에 방송인 오프라 윈프리Oprah Winfrey와 미국 전 대통령 버락 오바마Barack Obama가 인터뷰를 했는데, 초반에 이런 대화를 나누었다.****

> **오바마** 요즘 재미있는 일이 있었나요?
> **윈프리** 3월 8일 이후로 집에서 나가지 않았어요.

오바마 전혀요?

윈프리 안과 진료를 받으러 나가기는 했어요. 원격 진료로는 눈의 감염을 치료할 수 없으니까요. 또 가슴 X선 촬영 때문에 외출하기도 했죠.

오바마 저는 재미있는 일이 있었는지 물었어요….

윈프리 (겸연쩍게) 하하하.

오바마는 분명히 "요즘 재미있는 일이 있었나요?"라고 물었는데 오프라 윈프리는 재미없는 일에 대해서 이야기했다. 안과 치료와 X선 검진 이야기가 신날 사람은 세상에 없다. 그녀는 왜 동문서답을 했을까? 자기 이야기를 하고 싶은 욕망에 휩쓸렸기 때문이다. 잠시 나르시시즘에 빠져 질문에 맞지도 않는 이야기를 한 것이다.

말하기는 위험한 행위다. 암벽 등반이나 자동차 운전처럼 재미도 있지만 위험 요소가 많다. 둘도 없이 편안한 사람이 아니라면 대화에 집중하면서 위험한 함정에 빠지지 않도록 긴장해야 한다. 아니면 언제 횡설수설하게 될지 모른다. 내 마음속에 대화를 망칠 무의식적 욕망이 숨어 있다. 따라서 긴장과 집중력은 매력적인 커뮤니케이터의 기본 자질이다.

2장

나를 보호하면서
말하려면

유재석은 엎드려
사과하지 않는다

어떻게 해야 제대로 사과하는 것일까? 어떻게 사과하는 사람이
호감을 얻을까? 엎드려 사과하지 말아야 한다. 내가 잘못했다고 투항
하듯이 사과하면 호감을 얻을 수 없다. 물론 타인에게 명백한 잘못을
저질러서 진심으로 고개를 조아려야 할 때가 있는데, 그런 심각한 상
황에서는 무조건, 이유없이 사과해야 한다. 다만 이 책에서 우리가 관
심을 두어야 할 상황은 미묘하고 사소하지만 하루 종일 얼굴이 화끈
거리는 말실수를 저질렀을 때다.

우리는 하루에도 여러 번 어색하거나 뼈아프거나 바보 같은 실
언을 한다. 바보여서가 아니라 대화가 본래 어렵기 때문이다. 심지어
대화 능력에 있어 최상위권에 있는 유재석도 가끔은 허술한 말실수를

저지른다.

〈유퀴즈온더블럭〉에 드라마 작가 김은희가 출연했을 때다. 글이 잘 써지지 않아 힘들다는 그녀에게 유재석은 돌연 자신이 돕겠다고 나섰다.

> 유재석 작가님이 일하면서 가장 힘들 때는 언제입니까?
> 김은희 안 될 때죠. 생각이 안 날 때…. 지금도 너무 막힌 상태입니다.
> 유재석 (진지하게) 저희가 도움을 좀 드릴까요?
> 김은희 (어떻게? 하는 의아한 표정을 겨우 지우고) 아, 감사합니다.
> 유재석 (상황을 파악하고는 쑥스럽게 웃으며) 각자 일 하죠, 뭐. 각자 다 힘든거니까….

유재석은 김은희 작가의 작업을 어떻게 도울 작정이었을까? 사실은 방법이 없다. 돕겠다는 제안은 빈말이자 무의미한 소리다. 오히려 상대방이 당황하고 흔들렸다. '이 사람이 대체 뭘 어떻게 돕겠다는 걸까?'라는 생각이 스쳤을 것이다. 유재석 본인도 문제를 깨닫고는 후다닥 정리를 해버리는데, 그 마무리가 절묘하다.

"각자 일 하죠, 뭐. 각자 다 힘든 거니까…."

도와주겠다는 제안을 철회한다는 뜻인데 절묘한 표현이다. '허언으로 당황하게 만들어 죄송합니다'가 아닌 '당신처럼 나도 힘드니까 각자 자기 일을 하는 게 맞다'는 뜻이다. 돕지 않는 게 당연하다는 투다. 이렇게 씩씩하고 당당하게 사과하니 어색한 분위기가 순식간에 사라지고 모두가 유쾌하게 웃었다. 우리도 그런 식으로 사과할 수 있다.

"날 너무 미워하지 말아요. 우리 모두 바빠서 정신이 없잖아요."
"내 요리가 엉망이 되었네. 맛이 이상하지? 그래도 초보니까 귀엽게 봐줘."

모두가 이해하는 상황이 있다. 바쁘면 소홀해지고 어느 분야든 초보는 실수하기 마련이다. 그러니 자신의 일로 정신없다면 굳이 상대를 돕지 않아도 괜찮다. 그럴 때는 상황을 설명하면 된다. 미안하지만 상황이 이러니 어쩔 수 없다고 해명하는데 얼굴을 붉힐 사람은 많지 않을 것이다.

☺ 착한 의도를 강조한다

나의 의도를 강조하는 것도 사과의 한 방법이다. 한 번은 〈유퀴즈온더블럭〉에 교통리포터가 출연했다. 그의 초등학생 딸이 마침 촬영 현장에 있었는데 유재석이 딸에게 잔소리와 조언의 차이를 물었다.

"잔소리에는 복합적인 감정이 얽혀 있다면, 조언은 오직 도움을 주고 싶다는 순수한 마음….'

딸의 대답을 들은 리포터는 감동한다. 자랑스럽고 기특하다는 얼굴이었다. 그런데 유재석이 찬물을 끼얹는 실언을 한다.

리포터 (딸의 답변 수준에 감동해서) 초등학생이 저런 말을~
유재석 저 어린이뿐 아니라 요즘 초등학생들이 말을 참 잘하죠.
(리포터의 얼굴에 웃음기가 사라지고 표정이 굳는다.)
유재석 (흠칫 놀라) 죄송합니다. 원하는 대답이 아니었죠.
(리포터와 촬영 스태프들 소리 내서 웃는다.)
유재석 죄송합니다, 하하하. 저도 모르게 너무 객관적으로 말을 했네요.

유재석은 '당신 딸만 똑똑한 것은 아닙니다'라고 말한 셈이다. 기분이 좋았던 상대를 한없이 무안하게 만드는 말실수다. 문제를 깨달은 유재석은 죄송하다고 빠르게 사과했다. 그런데 이 사과에는 꼬리가 붙어 있다. 사과를 하면서 해명을 추가한 것이다.

"죄송합니다, 하하하. 저도 모르게 너무 객관적으로 말을 했네요."

절묘한 언어다. 사과와 자기 방어를 동시에 했다. 의미를 분석해 보면 금방 알 수 있다. 미안하기는 한데, 말을 지어내거나 왜곡해서가 아니라 객관적 사실을 그대로 말해서 미안하다는 뜻이다. 즉 남의 마음을 배려하지 못한 것은 미안하지만, 자신은 객관적 사실을 말했을 뿐이라고 항변한 것이다.

유재석은 "죄송합니다. 원하는 대답이 아니었죠"라고도 했다. 역시 자기변호성 사과다. 원하는 대답을 못 한 게 미안하다는 뜻이다. 틀린 말을 했다는 사과는 아닌 것이다. 자신을 보호하는 태도가 떳떳하고 늠름하다. 우리도 똑같은 방법으로 사과하면 된다.

"미안해. 내가 너무 객관적으로 말했나 봐."
"미안해. 원하는 대답을 주지 못해서."
"미안해. 네가 원치 않는 대답을 해서."

나도 미안하지만 당신의 기대감에도 책임의 일부가 있다는 뉘앙스다. 더불어 나의 의도를 나쁘지 않다고 설득하는 말도 된다. 아무리 미안해도 나를 변호할 의무가 나에게 있다.

〈해피투게더〉에서도 비슷한 상황이 있었다. 유재석이 연예인 A에게 "거짓말 좀 하지 마"라며 장난스럽게 야단을 친 적이 있는데, 그가 정말 거짓말쟁이인 것처럼 소문이 퍼지고 말았다. 유재석은 이렇게 사과했다.

"제가 본의 아니게 (그런 상황을 만들어서) 너무 미안한 거예요."

진심 어린 사과였다. 그런데 미안하다는 말로 끝나지 않는다. 해명도 추가한다.

"나름 예능에서 캐릭터로 얘기를 한 건데…."

"거짓말 좀 하지 마"라고 말한 것은 미안하지만, 사실은 상대를 귀여운 거짓말쟁이 캐릭터로 만들어주기 위한 시도였다는 뜻이다. 의도가 좋았다는 걸 알아달라고 부탁하고 있다. 우리도 똑같은 패턴으로 사과하면 된다.

"미안해요. 당신을 기쁘게 하려고 했던 것인데…."
"미안해요. 나름 좋은 의도였는데 뜻하지 않게 불편을 끼쳤어요."

미안하다고 사과하고 있지만 내 마음도 이해해달라는 요구다. 물론 언제나 뻔뻔하도록 당당하라는 말이 아니다. 깊이 사죄해야 할 심각한 상황이 아니라면, 진심 어린 사과와 정직한 해명이 균형을 이루어야 한다는 뜻이다.

☺ 나의 취약점도 당당하게

유재석은 콤플렉스를 극복하는 방법도 알려준다. 공부를 못했던 자신을 보호하는 기술을 보여준 적이 있는데, 〈유퀴즈온더블럭〉에서 미국의 유명 대학 졸업자와 대화를 하던 때였다. 이야기를 할수록 유재석과 조세호는 무지한 말을 많이 뱉었고 상대는 당황하는 표정이 역력했다. 안되겠다 싶었는지 유재석은 솔직하게 사과한다.

"미안합니다. 우리가 다른 건 몰라도 공부 쪽에 너무 취약해요."

결국 '공부를 못해서 미안하다'는 말이다. 공부를 하지 않아서 좋은 대화 파트너가 될 수 없는 게 미안하다는 뜻이다. 그런데 동시에 떳떳한 기운도 느껴진다. 유재석이 '다른 건 몰라도'라고 했기 때문이다. 공부는 못했지만 다른 건 잘하는 게 많다는 뜻이다. 공부 좀 못했으면 어떤가. 다른 실력으로 얼마든지 보태고 채울 수 있다. 유재석은 자신에게 숨은 장점이 많다고 생각하는 게 분명하다. 이런 자기 긍지는 보는 사람의 기분도 좋아지게 만든다.

유재석은 사과와 함께 적극적으로 해명도 하는 사람이다. 미안하다면서도 자기 긍지까지 떳떳이 밝힌다. 그런 태도를 따르면 우리는 삶의 가장 큰 고통에서 벗어날 수 있다. 바로 삶의 우울에서 자유로울 수 있는 것이다.

⊜ 삶의 우울에서 벗어나는 자기 긍정

우울은 널리 퍼져 있다. 심각한 우울증에 빠진 사람은 소수지만 많은 이들이 얕은 우울에 시달리면서 힘겹게 산다. 우울한 사람들은 공통적으로 세가지 생각을 한다. 미국의 정신의학자 아론 벡Aaron Beck이 밝혀내서 유명해진 그 세 가지는 이렇다.

'나는 쓸모없다.'
'나의 삶은 암울하다.'
'나의 미래는 더 나빠질 것이다.'

자신, 현재의 삶, 미래 그 세 가지를 부정적으로 평가하는 생각이 모든 우울증 환자의 머릿속에 있다. 이런 생각은 자동으로 무한반복되면서 서로를 강화하고, 결과적으로 더 깊은 우울증에 빠지도록 만든다.

그러면 어떤 사람이 우울증에 빠질까? 우울은 뇌 속의 화학적 균형이 무너진 결과라는 주장도 있지만 호주의 심리학자 도로시로Dorothy Rowe는 생각이 전혀 다르다. 그는 저서에서 이렇게 말했다.*

"오직 착한 사람만이 우울해진다."

여기서 착한 사람이란 나쁜 일이 자기 책임이라고 믿는 사람이다. 사람은 누구나 크고 작은 불행을 겪는다. 계획이나 꿈을 이루지 못하는 일도 허다하다. 그런 불행과 실패가 모두 자기 책임이라고 확신하는 사람이 더러 있다. 내가 노력하지 않아서, 나의 능력이 부족해서, 내가 늦게 깨달아서 삶에 재앙이 닥쳤다고 믿는 것이다. 그런 사람이 '착한' 사람이다.

하지만 착한 사람의 생각은 틀렸다. 개인이 삶의 모든 걸 결정할 수 없다. 시대의 흐름, 우연한 사건, 타인의 영향 등 외부 조건이 우리 삶의 행불행을 좌우할 때도 많다. 그러니까 우리 삶의 불행이 모두 우리 개인의 책임은 아닌 것이다. 착한 사람들은 불행과 실수가 자기 잘못이라고 믿는다. 그것이 바로 우울증에 빠져드는 시작점이 된다. 심리학자 도로시 로는 이렇게도 말했다.

"우울해지려면 단 한 가지만 하면 된다. 당신 앞의 재난이 당신 책임이라고 비난하기만 하면 되는 것이다."

누구나 실패와 좌절을 겪는다. 다들 사랑에 상처받아 울고 사회생활이 힘들어 한숨 쉬고 돈이 없어서 서럽다. 그런 재난의 원인으로 자신을 지목하면 우울에 빠진다.

그렇다면 우울감을 털어내고 밝아지려면 어떻게 해야 할까? 간단하다. 최악의 실수를 저지른 게 아닌 한, 나에 대한 비난을 멈추면 된다. 해명 가능한 실수였다면 내가 나를 적극적으로 보호해야 하는 것이다. 실수가 있었지만 나만 그런 것이 아니라고 말하는 것이다. 또 잘못이 있었어도 의도는 좋았다고 항변한다. 그리고 부족한 점만 빼고는 장점이 많다고 스스로를 보호해야 한다. 바로 유재석의 화법이 필요한 것이다. 앞뒤 가리지 않고 한없이 착한 사람이 되면 안 된다. 그럴 필요가 없는데도 모두 자신이 잘못했다고 인정하고 책임을 떠안는 착한 사람은 불행하다. 게다가 너무 착한 사람은 매력도 없다.

"제가 정말 잘못했어요. 너무나 큰 실수였어요"라고 말하며 머리를 조아리는 사람은 불쌍할 뿐 신뢰감을 주지 못한다. 세상은 '잘못은 했지만 이유가 있었다'라고 건강하게 사과하는 사람을 더 믿고 좋아한다. 유재석이 호감을 사는 이유도 물러서지 않고 자신을 긍정하기 때문이다.

이렇게 말하면 우리도 믿음을 얻고 호감을 살 수 있다.

"미안하지만 저도 상황을 어쩔 수 없었어요."
"미안하지만 나는 내가 최선을 다했다고 믿어."
"내가 영어는 못하지만 잘하는 것도 많아."

어떤 경우에도 자신을 긍정하면 스트레스에 강해진다. 크고 작은 스트레스가 파도처럼 밀려오는 걸 막을 수 있는 사람은 없다. 스트레스에 강해지는 방법만 있을 뿐이다. 자신의 단점을 인정하면서도 당당한 사람은 스트레스를 쉽게 씻어낼 수 있다.

어떤 경우에도 자기를 긍정하면 자신감을 얻는다. 내 안에 장점과 가능성이 있으니 자신을 믿게 되는 것이다. 자신감은 삶의 행복과 성공의 밑바탕이다. 어떤 경우에도 자신을 긍정하면 사람을 끌어당기는 힘이 생긴다. 누구나 자신을 긍정하고 자부하고 싶지만 그 방법을 몰라서 애태운다. 자기 긍정에 강한 사람이 타인을 자석처럼 끌어들인다는 사실을 기억하면 된다.

아무도 상처받지 않는
불만 표출법

착한 말만 해서는 사랑받을 수 없다. 지극히 착한 연예인으로 평가받는 유재석만 해도 그렇다. 사실 그는 젠틀하고 선량하기만 한 사람은 아니다. 그는 적절히 못됐다. 불쾌하지 않은 수준에서 타인을 놀리고 빈틈을 찌르는 능력이 있다. 그래서 유능한 진행자가 된 것이다.

TV 밖 현실에서도 똑같다. 센스 넘치는 비판 능력을 가진 사람이 더 매력적이다. 가령 오랜만에 만난 친구에게 "오늘 음식이 아주 맛있었어. 그리고 아주 반가웠고 즐거웠어"라고 인사해도 된다. 100퍼센트 긍정적이다. 진심이 전해질 것이다. 하지만 매력적이지는 않다. 불만을 섞어서 이렇게 말해도 된다. "오늘 아주 반가웠어. 그런데 너 말이 무척 많았던 거 알지? 꼭 연락해. 다음에도 다 들어줄게." 이렇게도 말할 수 있다. "오늘 여기 음식이 별로였어. 그래도 괜찮아. 너랑 이야기하는 게 정신없이 재미있었으니까." 불만스러운 마음을 솔직히 말하는 사람이 더 매력적이고 기억에 남는다.

친구, 가족, 직장 동료 그리고 연인에게 무례하지 않은 수준에서 불평불만을 말하는 것이 좋다. 뭐든지 좋고 감사하다고만 말하면 관심과 존중을 기대하기 어렵기 때문이다.

☺ 불만을 표현하는 세 가지 기술

그렇다면 어떻게 불만을 표현해야 할까? 무엇을 기준으로, 그리고 어떤 말로 비판해야 할까? 가장 먼저 기억해야 할 게 있다. 사람은 세 가지 근거로 불만족을 말한다. 감정, 규범, 완성도가 그것이다.**

영화를 본 후에 '이 영화 정말 싫다(또는 좋다)'고 말했다고 하자. 이 말은 감정에 따라 판단한 것이다. '이 영화는 비윤리적인 내용을 담고 있어서 문제다'라고 비판했다면 규범을 기준으로 평가한 것이다. 또 '재미는 있는데 영화 시나리오가 형편없다'고 비판했다면 완성도를 기준으로 평가한 것이다.

사람의 말을 평가할 때도 똑같다. 친구가 '너는 노력이 부족하다'라고 나를 비판했다면 그 말에 대응하는 방법은 세 가지다.

(1) 그렇게 말하면 난 싫어. 기분이 나빠졌어.

(2) 그렇게 말하면 넌 나빠. 친구에게 그렇게 말하는 거 아니야.

(3) 말도 안 되는 소리 하지 마. 무슨 근거로 그렇게 말하니?

(1)은 나의 감정을 기준으로 한 평가다. (2)는 규범이나 규칙을 어겼다는 지적이다. (3)은 완성도 떨어지는 말이라는 비판이다. 근거가 전혀 없으니 엉터리 주장이라는 반박이다. 이렇게 세 가지 중에서 하나를 골라 상대를 비판하면 된다.

또 다른 상황을 가정해보자. 직장 동료가 나에게 "일을 이렇게 하면 어떡해요?"라고 신경질적으로 말했다. 이에 대해 비판적으로 말하는 방법은 세 가지다.

(1) 그렇게 말하는 게 난 싫어요. 기분이 몹시 상했어요.

(2) 그렇게 말하는 건 옳지 않아요. 동료를 그렇게 비판하는 건 예의가 아니죠.

(3) 그건 근거 없는 말이에요. 논리도 없고 엉터리예요.

(1)은 나의 감정에 따라 불만을 표출하는 말이다. (2)는 인간관계에서 지켜야 할 보이지 않는 예의를 언급하면서 비판했다. (3)은 비판의 완성도가 낮다는 지적이다. 누군가 나를 부당하게 비판하면 위세 가지 방법 중에서 하나를 고르거나 세 가지를 모두 활용해서 비판하면 된다.

☺ 유재석을 공격한 탁재훈

TV 스타들도 이렇게 세 가지 기준에서 상대를 비판한다. 〈유퀴즈온더블럭〉에 배우 정우성이 출연했을 때, 유재석은 조세호에게 아주 짓궂은 말을 했다.

> "그런데 오늘따라 왜 그렇게, 정우성 씨가 있어서 그런가, 수달 같이 보이지?"

개인의 느낌이다. 근거를 제시할 필요가 없다. 왠지 모르게 그렇게 느껴진다는 것이다. 개그맨 김숙의 경우는 다르다. 〈옥탑방의 문제 아들〉에서 PD가 힌트의 수를 줄이겠다고 하자 이렇게 반발했다.

> **PD**   오늘부터 힌트는 각 문제당 딱 하나씩만 드리겠습니다.
>
> **김숙**   정 없게 또 왜 그러실까?

김숙은 무엇을 기준으로 반박했을까? 자신의 느낌이나 기분이 기준이었다면 "힌트가 줄어서 너무 속상하네요"라고 했을 것이다. 하지만 솔직하고 씩씩한 김숙은 도리에 어긋난다며 PD를 공격했다. "그렇게 정 없이 굴면 안 돼"라며 야단치는 것처럼 들리기도 한다. 김숙은 규범에 기대서 PD를 나무랐다.

탁재훈의 경우는 또 달랐다. 〈놀면 뭐하니?〉에서 유재석이 탁재훈에게 고마웠던 점을 털어놓았다. 방송 활동 초기에 탁재훈이 밥도 많이 사주고 챙겨줬다는 것이다. 그런데 말을 지루하게 되풀이했다가 지적을 당하고 만다.

> **유재석** 탁재훈 형이 그런 거를 많이 했어. '너 영화 보러 갈래?' '너 뭐하냐?' 그런 말을 많이 했지…. '너 뭐하냐?' '너 오늘 뭐 해?' '너 이따가 밥 먹을래?'
> **탁재훈** (조금 짜증난 표정으로) 그걸 몇 번씩을 해?

같은 말을 반복한다고 핀잔을 줬는데 유재석은 웃었다. 왜 웃었을까? 자신이 비슷한 말을 반복한다는 것을 깨달았기 때문이다. 탁재훈의 비판 기준은 완성도다. 유재석은 말을 지루하게 반복했다. 탁재훈은 유재석에게 '말솜씨가 형편없다'고 핀잔을 준 셈이다.

☻ 김구라를 공격한 장동민

안영미를 공격한 김구라의 대화법도 살펴보자. 〈라디오스타〉에서 당시 김구라의 연인인 여성의 키가 화제에 올랐다. 키가 크냐는 질문에 김구라는 크지 않다면서 답했다.

김구라 (크지 않아요) 165센티미터 정도.

안영미 (의아한 표정으로) 그럼 큰 거죠. 저보다 큰데.

김구라 (어이없다는 듯이) 너랑 비교해야 돼?

사람들은 폭소를 터뜨렸다. 김구라의 공격 무기는 무엇이었을까? 안영미의 말이 앞뒤가 맞지 않는다고 지적했다. 말의 완성도가 떨어진다고 비판한 것이다. 안영미도 수긍하고 크게 웃었다.

하지만 천하무적은 없다. 누구나 허점을 보이고 공격을 당한다. 김구라라고 예외가 아니다. 같은 프로그램에 출연한 개그맨 장동민이 김구라를 공격한 적이 있는데, 그 기준은 무엇이었을까?

김구라 얼마 전에 범인(장동민 집에 돌을 던진 사람)이 잡혔는데…. 그분이 한 얘기는 '누가 나를 도청한다'였는데 (정확한) 이유가 뭔가요?

장동민 그게 뭐….

김구라 (끼어들면서) 그 사람이 말도 안 되는 핑계를 댄 거예요?

장동민 (김구라를 빤히 보며) 물어봤으면 좀 들어요.

장동민의 공격은 효과적이었다. 김구라는 머쓱해했고 다른 출연진은 웃음을 터뜨렸다. 장동민은 대화 규칙을 어겼다고 김구라를 공격했다. 규칙도 규범의 하나다. 물었으면 상대가 답할 때까지 기다려야 하는데, 그런 당연한 규칙을 어겼다고 지적하니 김구라는 꼼짝 없이 당하고 말았다.

☺ 상대를 비판하는 연습하기

우리도 적절한 수준에서 불만을 표현하고 반격할 수 있다. 비판은 나쁜 일이 아니다. 나의 권리를 주장하는 일이기 때문이다. 또 내 마음속의 응어리를 푸는 방법도 된다. 아울러 오락 기능도 있다. 적절히 비판하고 반박해야 대화가 재미있어진다. 감정, 규범, 완성도를 기준으로 상황에 맞게 불만을 드러내는 연습을 해보자. 누가 나의 기분을 상하게 했으면 이렇게 말하면 된다.

"저는 그 말이 불쾌합니다."
"그 말 때문에 나는 속이 무척 상했어."
"제가 얼마나 섭섭했는지 아세요?"

물론 이런 감정 표현도 자주 하면 역효과가 생긴다. 불쾌하거나 싫은 감정을 드러내면 가족들마저 멀어지는데, 사회생활에서라면 말할 것도 없다. 감정적인 비판은 아껴 써야 한다.
규범을 기준으로 상대를 공격할 수도 있다.

"상대에게 그런 식으로 말하는 건 잘못이야."

"저의 권리가 침해된 것 같습니다."

"그것은 법규에 어긋난다고 생각합니다."

옳지 않은 언행은 비판의 대상이 된다. 법에 어긋난 것은 말할 것도 없고, 누군가의 권리를 침해하는 상황도 허용될 수 없다. 상대가 규칙이나 규범을 어겼다면 근거를 들어서 또박또박 문제점을 짚어야 한다. 그래야 문제 상황이 해소되고 나 또한 존중받는다.

세 번째로 완성도를 기준으로 비판하는 방법이다.

"너의 말은 설득력이 부족해."

"당신의 해명을 납득하기 어려워요. 좀 더 정확히 설명해보세요."

"그 주장은 근거가 약한 것 같아요."

논리적이고 설득력 있게 말해달라는 부탁은 대개 수용된다. 오히려 그런 부탁이 예의에도 맞고 대화의 효율도 높인다.

유재석은 어떻게 수위를 조절할까

여기서 주의할 것이 있다. 적정 수준에서 공격해야 한다는 점이다. 상대의 감정까지 상하게 하는 직선적인 공세는 관계를 망친다. 적정 수준의 비판은 유재석이 잘한다. 〈놀면 뭐하니?〉에서 이효리가 전복 등 해산물을 넣고 라면을 끓여서 유재석을 대접했던 이야기를 하면서 자랑스러워했다. 그런데 돌아온 것은 유재석의 절반 공격이었다.

"정성스럽게 끓인 라면을 맛있게 먹기는 했지만, 물이 좀 많긴 했거든."

라면 끓이는 실력이 부족하다는 지적이다. 그런데 공격은 절반만 있다. 앞부분은 칭찬이다. 공격과 칭찬, 반대와 인정을 반반 섞어서 말하면 상대가 마음이 다치지 않는다.

또한 공격을 했으면 따뜻하게 마무리해야 한다. 〈쇼!터뷰〉에 출연했던 유재석은 방송사 시상식에 대해서 이야기하다가 이런 말을 한다. 방송사가 "듣도 보도 못한 상"을 만들어서 연예인에게 마구 준다는 것이다. 그 예로 든 것이 조세호가 받았던 '뮤직 앤드 토크상'이었다. 방송사가 원칙도 없이 상을 만들고 남발하는 게 문제라는 지적이었다. 이런 발언은 농담이지만 뼈가 있으니 누군가 불쾌할 수도 있다. 그걸 뻔히 아는 유재석은 방송사에서 주는 상은 감사의 마음을 전하는 방편이라고 긍정적으로 평가하면서 말을 마무리 짓는다.

"방송사 입장에서는 '감사합니다'를 어떤 식으로든 표현하고 싶겠죠. 이렇게 이해하면 되는 거죠."

비판을 했으면 긍정으로 마무리하는 것이 좋다. 너무 심하게 공격하지 말고 상황이 호전될 수 있는 정도로만 공격해야 한다. 아니면 비판과 칭찬을 절반 수준으로 유지하는 것도 방법이다. 물론 대화 예의는 지켜야 한다. 하지만 전부는 아니다. 현실에서 천사처럼 예의만 지키기는 어렵다. 가끔은 한 발짝 앞으로 나아가서 나의 감정과 의견을 명확히 밝혀야 할 때도 있다. 그것이 불만 표현이나 비판의 형태를 취해도 어쩔 수 없다. 다만 적절한 수준의 비판이어야 한다는 것을 기억해야 한다. 적당하고 정교하게 무례할 수 있는 사람이 매력적이다.

📋 대화 에티켓 여섯 가지

영국의 언어학자 제프리 리치Geoffrey Leech는 예의 바르게 말하려면 여섯 가지 원칙을 지켜야 한다고 주장했다.

첫째, 요구하지 않아야 한다. "펜을 빌려주세요"보다는 "펜을 빌려주시겠어요?"가 낫다. 상대방이 특정 행동을 하도록 요구하는 게 아니라 의사가 있는지 물어야 하는 것이다.

둘째, 상대의 중요성을 인정해준다. 다른 사람의 시간, 관심, 노력이 소중하다는 전제하에 말한다. "다른 일 하시는데 미안하지만…." "바쁘시겠지만…"이라고 말하면 된다. "할 일도 없는 것 같은데 도와줘"는 상대방의 중요성을 부정하는 무례한 발언이다.

셋째, 겸손해야 한다. 자신에 대한 칭찬을 최소화하고 상대방의 칭찬을 많이 해야 예의 바른 대화가 가능하다. 가령 "너의 도움이 없었다면 나는 못 해냈을 거야"라는 식의 표현이다.

넷째, 긍정적 평가도 예의 바른 대화의 필수 요소다. 상대방의 말과 행동을 호의적으로 인정하는 것이다. 비판을 꼭 숨길 이유는 없지만, 긍정적 평가가 우선이고 비중도 훨씬 높아야 한다.

다섯째, 동의의 원칙을 지켜야 한다. 상대의 선택, 행동, 생각을 지지하는 것이다. 습관처럼 반대하지 말아야 한다.

여섯째, 공감은 예의 바른 대화에 꼭 필요하다. 상대의 감정을 이해하고 나누는 것이 공감이다. "너는 오늘 많이 슬펐구나"는 공감 표현이고 "왜 울상을 하고 있니?"는 비공감 표현이다.

유연한 자기주장,
나를 빛나게 만든다

가끔 나쁜 사람을 만날 때가 있다. 본성이 악해서가 아니라 직분이나 이해관계의 꼭두각시가 되어서 남을 괴롭히고 남의 권리를 침해하는 사람들이다.

내 권리를 침해하는 사람들을 어떻게 대해야 할까? 가령 의미 없는 일을 하라고 지시하는 직장 상사는 아주 많다. 퇴근을 방해하거나 점심 메뉴까지 간섭한다. 직장 동료나 거래 파트너 중 어떤 사람들은 약속을 지키지 않아서 속을 뒤집고 에너지를 뺏어간다. 나의 휴식과 평화를 깨뜨리는 사람은 직장뿐 아니라 사생활 영역에서도 흔히 볼 수 있다. 그들에게 내 생각과 의견을 어떻게 말해야 할까?

인간관계 이론에 따르면 권리를 침해당한 사람은 세 가지 반응

중 하나를 택한다. 순응, 공격, 자기주장이다.

순응하는 사람은 상대에게 져준다. 권리가 무시되거나 차별을 받아도 상황을 이기려고 하지 않는다. 그들의 최고 목표는 갈등 회피이기 때문에 부당하더라도 상황을 수용한다. 상사의 잘못된 지시를 묵묵히 따르고 친구의 무리한 부탁을 순순히 들어주는 사람이 순응하는 타입이다.

공격은 순응과 달리 이기는 게 목적이다. 자신의 권리를 침해한 상대를 꺾으려고 덤빈다. 목소리를 높이고 말을 자르고 호전적인 표현을 쓰는 것이 공격의 대표적 양상이다. 이런 태도는 관계를 위태롭게 한다. 연인관계와 인간관계를 깨뜨릴 수 있는 것이다.

부당한 상황에 처했을 때 가장 이상적인 반응은 자기주장assertiveness 이다. 자신의 감정과 의사를 또렷이 표현하는 것이다. 자기주장은 미국에서는 1950년대부터 주목받기 시작해서, 화술 및 커뮤니케이션 이론에서 중요한 대인 전략으로 여겨지고 있다. 자기주장은 순응과 공격 사이에 있다. 자기주장을 하는 사람은 자기 권리에 대한 인식이 뚜렷하지만 동시에 타인의 권리도 잊지 않는다. 또 자신이 존중받을 권리를 확신하면서 동시에 상대를 똑같이 존중한다. 말의 톤도 다르다. 묵묵히 순응하거나 소리치며 공격하는 일이 없다. 대신 차분하게 또박또박 말하는 것이 자기주장 화법이다.

ⓔ 펭수는 눈치 보지 않는다

자기주장이 가장 분명한 TV 캐릭터 중 하나는 펭수다. 요구와 주장을 또박또박 표현하는 게 펭수의 매력이고 인기 비결이다. 〈자이언트 펭 TV〉에서 펭수는 EBS 연습생 오디션을 보았다. 연습생이 되기 위해 남극에서 한국으로 왔다고 말하니 심사위원들은 모두 당황한다.

> **심사위원** 저희가 너무 당황해서….
>
> **펭수** 왜 남극은(남극 출신은) 오디션 보면 안 됩니까?
>
> **심사위원** 아니 그런 건 아닌데….
>
> **펭수** 그러면 플러스 점수 주십쇼.

펭수는 순응하지 않지만 공격적이지도 않다. 자기 권리를 포기하지도 않으며, 그렇다고 무례하지도 않다. 그는 적극적이고 논리적으로 자신의 요구를 내세웠다. 멀리서 왔으니 오히려 가산점을 줘야 한다는 그의 논리는 타당해 보인다. 면접이 끝난 후에도 펭수의 분명한 태도는 돋보였다. 심사위원들이 면접 결과를 나중에 알려주겠다고 하자 펭수는 싫다고 말한다.

> "여기서 (결정) 하세요. 빨리 해주셔야 저도 KBS 가든 MBC를 가든 (할 거 아닙니까)."

맞는 말이다. 꼭 심사위원의 편의를 우선할 이유가 없다. 펭수는 취업 준비생의 입장을 단호하게 대변했다. 당당한 자기주장이다.

☺ 부드럽지만 단호하게

그런데 현실은 복잡해서 펭수의 똑부러지는 화법만으로는 부족하다. 특히 한국 사회는 민감하고 미묘하고 어렵다. 펭수처럼 싫고 좋음을 직설적으로 말해버리면 곤란해질 때가 많다. 조심조심 자기주장을 펴야 한다. 많은 TV 스타들이 좋은 예시다.

첫 번째는 감정을 숨기는 자기주장이다. 불편한 상황인데도 화를 내지 않고 조용히 말하는 것이다. 〈해피투게더〉에서 한 출연자가 성시경에게 지금까지 이성을 몇 명 사귀어봤는지 답하라고 요구했다. 성시경은 답변을 거부했지만 상대는 목소리를 높이며 집요하게 물었다. 안되겠다 싶었는지 성시경이 그를 똑바로 보면서 말했다.

(눈을 보며 부드러운 목소리로) "흥분하지 말고 소리 지르지 마."

성시경은 차분하게 말했다. 화를 내거나 짜증스러워하는 등의 감정을 드러내지 않았다. 그래도 요구 사항은 분명했다. 흥분한 모습이 보기 싫고, 큰 목소리도 듣기 싫다고 침착하지만 단호하게 뜻을 전했다. 조용하고 무표정하게 말하는 게 가장 무섭다. 똑같이 언성을 높이면 오히려 무시당한다. 목소리가 작아야 더 잘 들린다. 짜증스러운 순간에는 감정을 완전히 빼고 이렇게 대응하면 상황이 호전된다.

"내 말에도 귀 기울여주세요."
"나를 슬프게 만들지 마세요."
"그런 말은 옳지 않아요."

순응도 아니며 공격도 아니다. 침묵도 아니며 고함치기도 아니다. 감정을 숨기고 담담히 주장하고 있다. 물론 어려운 일이다. 절제와 결기가 동시에 요구된다. 하지만 어려운 만큼 이점도 많다. 짜증나는 사람의 언행을 갈등 없이 부드럽게 교정할 수 있는 것이다.

한국형 자기주장의 두 번째 유형은 나를 숨기는 것이다. 나 대신 다른 사람을 내세우면서 자기주장을 하는 전략이다. 〈오늘 뭐 먹지?〉에서 진행자 성시경이 말했다. "(식재료를) 이렇게 섞으면 되는데 얼마나 간단하니? 세상에." 혼자 감탄하는 말이었는데 마침 신동엽이 코앞에 있었기 때문에, 나이 많은 신동엽에게 반말하는 상황이 되고 말았다. 순간 당황한 신동엽이 유연하게 반응했다.

(걱정하는 표정으로) "반말하지 마. 요즘 세상에 반말하면 큰일 나."

'그렇게 반말하면 내가 혼내줄 거야'가 아니다. 자기 말고 세상이

성시경을 크게 혼낼 수도 있다는 경고였다. 신동엽은 우리나라의 사회 분위기를 내세우면서 자신은 빠졌다. 나를 지우면서 자기주장을 한 것이다.

유재석도 〈해피투게더〉에서 비슷하게 표현했다. 언제나 자신감과 여유가 넘치는 것처럼 말하는 허세 개그맨을 두고 유재석은 이렇게 평했다.

"우리 남자 동료들이 보면 약간 거리감 생기게 하는 것(언행)을 하네요."

자기가 싫다는 것이 아니다. 다른 사람이 싫어한다는 뜻이다. 자신은 숨겼다. 갈등은 피하면서 자기 뜻은 분명히 전달했다.

우리도 그들처럼 말하면 된다. 남을 내세워 나의 주장을 간접적으로 펴는 게 한결 부드럽다. 가령 듣기 싫은 말을 하는 사람에게는 '그렇게 말하면 요즘 젊은이들이 아주 싫어한다'라고 지적하면 된다. "잘못하면 꼰대라고 불리니 조심하세요"도 효과적이다. 걱정하는 듯 제스처를 취하면서 상대에게 영향력을 미칠 수 있다. 만약 팀워크에 문제가 생겼다면 "지금까지 같이 고생한 동료들이 얼마나 힘들어 할까요"라고 말해도 좋다. 다른 사람의 입장을 대신 내세워서 압력을 가하는 것이다. 다른 팀원을 생각해서라도 이기적인 태도를 보이지 말아야겠다는 생각이 들 것이다.

때에 따라서는 나 자신을 완전히 배제하는 화법도 필요하다. "내 생각은 아니지만 그렇게 생각하는 사람도 있더군요"라고 하면 된다. "저는 전적으로 동의하지 않지만 대다수가 이번 계획이 무리라고 평가합니다"도 비슷한 유형이다. 나는 중립적인 자세를 취했다. 객관적인 여론의 전달자 역할을 하는 것이다. 그렇게 자신을 숨기면서 의견을 말하는 게 우리 사회에서 효과적으로 수용될 만한 자기주장 방법이다. 비겁한 태도일까? 아니다. 상대의 감정을 해치지 않는 배려의 말솜씨라고 봐야 타당하다.

◎ 본심 숨기기

한국형 자기주장의 또 다른 유형은 본심 숨기다. 자신의 진심을 숨기면서 진심을 표현하는 고난도의 말솜씨다. 배우 김강훈은 초등학생인데도 그런 화법을 보여주었다. 〈해피투게더〉에 출연했을 때다. MC 중 한 명이 김강훈의 여자 친구가 유명한 연예인을 닮았다는데 사실이냐고 묻자 그가 미소를 띠우며 답했다.

(1) 예, 닮았어요.
(2) 제 눈에는… (닮았어요).

(1)이 아니라 (2)라고 말했다. 그는 아마 (1)이라고 말하고 싶

었을 것이다. 그런데 그렇게 직접적으로 주장했다면 주변 사람들이 반감을 느낄 수도 있다. 친구들이라면 크게 비웃을지도 모른다. 그래서 김강훈은 절제를 택했다. '자기 눈에는 그렇다'는 말은 다른 사람에게는 아닐 수도 있다는 뜻이다. 그 말을 통해서 김강훈은 두 가지를 해냈다. 먼저 자랑하고 싶은 본심을 숨겼다. 그러면서도 여자 친구의 미모에 대한 자부심을 슬쩍 드러냈다. 아주 뛰어난 말솜씨다.

펭수도 때로는 본심을 숨기고 말한다. 항상 직설적이지 않다. 절묘하고 완곡하게 자기주장을 펼 줄 안다. 〈자이언트 펭TV〉에서 한 예술가가 "펭수 너는 좀 못됐잖아?"라고 장난스럽게 놀렸다. 펭수는 뭐라고 답했을까?

(1) 누가 그래요? 아니에요. 나는 아주아주 착해요.
(2) 그거는 받아들이는 사람에 따라 다른 것 같습니다.

많은 사람이 (1)이라고 말한다. 사실 그게 펭수의 본심이기도 하다. 그러나 펭수는 진심을 숨기고 (2)라고 말했다. 그렇다고 해서 못된 펭귄이라고 인정한 것은 아니다. 듣는 사람의 머릿속에서는 의미의 연쇄 반응이 일어난다. "그거는 받아들이는 사람에 따라 다른 것 같습니다." → "그것은 당신 개인의 생각입니다." → "나는 못된 펭귄이 아니에요." 결국 자신이 나쁘지 않다는 뜻이다. 펭수는 본심을 숨기고도 자기주장을 펼치는 데 성공했다.

유재석도 본심을 숨기면서 본심을 노출하는 기술을 갖고 있다. 〈동상이몽〉에서 김구라가 자신의 냉소적인 말투를 다른 사람은 몰라도 유재석은 좋아한다고 주장했다. 그 말을 듣고도 유재석은 애매한 미소를 지었다. 김구라가 확답을 요구했다.

김구라 제 말투를 유재석 씨가 굉장히 좋아합니다.
출연자 1 처음 듣는 이야기 같은데….
(유재석, 어색하게 웃는다)
김구라 (유재석을 향해) 좋아하잖아?
유재석 (머뭇거리다가) 제가 김구라 씨의 톤을 좋아할 때가 있어요.

유재석은 '좋아할 때가 있다'고 말했다. 좋아하지 않을 때도 있다는 뜻이다. 결국 김구라의 주장과는 달리 '굉장히' 좋아하는 건 아니라는 게 유재석의 본심이다. 절묘하게도 그런 본심을 숨기고 주장을 폈다.

김강훈과 펭수와 유재석은 자기 마음을 예쁘게 변신시킬 줄 안다. 그들은 본심을 아래처럼 변신시켜서 드러냈다.

나의 여자 친구는 아주 예뻐요. → 적어도 제 눈에는 그래요.
나를 함부로 평가하지 마세요. → 저에 대한 평가는 사람마다 다르겠죠.
굉장히 좋아하지는 않아요. → 좋아할 때도 있습니다.

자기주장의 세 가지 방법에는 모두 공통점이 있다. 상대의 기분을 상하게 하지 않으면서 주장을 내세운다는 점이다. 또한 유능한 커뮤니케이터는 숨기면서 자기주장을 편다. 화가 나고 짜증난 자신을 차분한 얼굴 뒤에 숨긴다. 그리고 남을 내세워서 나를 숨긴다. 자신의 본마음도 숨긴다. 숨기기가 꼭 나쁘거나 비겁하지만은 않다. 마음을 고스란히 노출해야 용감하고 정의로운 건 아니다.

웃는 얼굴로 진심 말하기,
함축 화법

〈2020 SBS 연예대상〉 시상식장에서 유재석의 표정이 흔들렸다. 무대에는 대상 발표자로 SBS 본부장과 유재석이 서 있었다. 수상자 이름을 먼저 확인한 본부장이 봉투를 유재석에게 건넸다. 발표를 하라는 의미였다. 유재석은 의아했을 것이다. 자신도 대상 후보였기 때문이다. 그런데도 발표를 맡긴 것은 무슨 뜻일까? 유재석은 그 뜻을 금방 깨닫고 이렇게 말했다.

(1) 저는 대상 수상자가 아니군요.
(2) 저는 봐도 된다는 뜻이군요.

대개는 (1)이라고 말했을 텐데 유재석은 (2)라고 말했다. 자신의 생각을 숨겼지만 하고 싶은 말을 위트 있게 전달한 수준급의 말솜씨다. "저는 봐도 된다는 뜻이군요"는 무슨 뜻일까? "저는 대상 수상자가 아니군요"라는 의미다. (2)가 (1)을 품고 있는 것이다. 언어 이론에서는 이를 (2)가 (1)을 '함축'한다고 말한다. A라고 말했지만 실제로는 B를 뜻하는 표현법이 함축이다. 더 간략하게 표현하자면, 말하지 않고 말하는 게 함축이다. 함축적인 표현은 일상생활에서 흔하게 쓰인다.

A   내일 나랑 데이트할래요?

B   공부해야 해요.

"공부해야 해요"가 사실일 수도 있지만 '데이트 하기 싫다'는 뜻을 내포하고 있는 말이다. B는 함축적으로 말했다. "공부해야 해요"는 "데이트하기 싫어요"를 함축하는 말인 것이다.

A   그분은 잘생겼나요?

B   성격은 좋아요.

B의 말은 '잘생기지 않았다'는 뜻을 암시한다. '성격은 좋다'라고 말했지만 실제로는 '외모가 뛰어나지 않다'라는 뜻이다. 전자는 후자를 품고 있는 함축적인 표현이다.

인간의 언어는 오묘하다. 어떤 말을 했는데 다른 말을 한 게 될 때가 있다. 유재석의 말처럼 "저는 봐도 된다는 뜻이군요"가 "저는 대상 수상자가 아니군요"와 같은 뜻이 된다. 이를테면 왼손을 잡았는데 오른손을 잡은 게 되고, 웃었는데 울어버린 것이 되는 격이다. 인간 언어에 함축 기능이 있어서 이런 마술 같은 일이 가능하다.

그런데 함축에는 위험이 따른다. 의미 전달에 실패할 수도 있기 때문이다. 유재석이 "저는 봐도 된다는 뜻이군요"라고 말했을 때, 속뜻을 알아채지 못한 시청자가 있었을 것이다. 데이트하기 싫어서 "공부해야 해요"라고 말했는데, 상대가 못 알아듣고 계속 접근할 수도 있다.

◉ 함축적인 배두나의 무표정

진짜 속뜻을 전달하는 데 실패할 수 있는데도 사람들은 굳이 함축적 표현을 쓴다. 왜 그럴까? 재미를 주기 때문이다. 함축적인 말을 들으면 '저 말이 무슨 뜻일까?' 생각하게 되고 곧 답도 찾을 수 있다. 그런 추리와 해결 과정 자체가 재미있다. 탐정 영화를 보면서 범인의 정체를 예측하는 건 무척 즐겁다. 멜로드라마도 결과를 추리하는 재미가 있다. 함축도 추리를 유도하면서 말의 맛을 느끼게 한다.

함축적 연기를 하는 배우도 있다. 바로 배두나다. 〈유퀴즈온더블럭〉의 MC가 '알 수 없는 표정 연기'가 배두나의 특징이라고 평가하자, 그녀는 이렇게 답했다.

"그게 제가 연기하는 방식 중에서 가장 중요한 포인트인데…. 내가 표현하고 설명해주는 게 아니라…. 관객이 더 능동적으로 읽어주기를 (바라는 것이죠)."

배두나의 표정을 보면 감정이 불분명할 때가 많다. 관객은 그녀의 표정을 보며 추리를 해야 한다. 탐정 영화를 보며 얻는 즐거움을 배두나의 연기에서 얻는 것이다. 함축적 표현과 배두나의 무표정 연기는 생각하는 즐거움을 준다는 점에서 무척 닮았다.

🥲 양세형의 함축 폭탄

함축적 표현은 추리의 즐거움도 주지만 큰 웃음도 선물하곤 한다. 개그맨 양세형은 그런 화법을 잘 구사하는 개그맨이다.

〈집사부일체〉에서 연예인들과 음악 신동들이 합동 연주회를 연일이 있다. 전체 인원이 모여 연습하기 전에 연예인들은 음악인 정재형의 집으로 갔다. 정재형이 식사를 대접하기로 했기 때문이다. 그런데 문제가 생겼다. 식사 준비에 너무 많은 시간이 걸린 것이다. 출연진은 지루했을 터이다. 어린이 뮤지션들과 연주 연습을 못하니 조바심도 났을 것이다. 개그맨 양세형은 그 마음을 어떻게 표현했을까?

"나중에 아이들을 만나면, 아이들이 부쩍 커 있을 것 같네요."

출연진 모두 폭소를 터뜨렸다. 이 말은 함축적이다. '시간이 너무 오래 걸리네요'라는 뜻을 품고 있는 것이다. 만약 직설적으로 표현했다면 어땠을까?

(1) 식사 준비가 너무 오래 걸리네요. 연습할 시간이 없어요.

(2) 나중에 아이들을 만나면, 아이들이 부쩍 커 있을 것 같네요.

(1)처럼 대놓고 말했다면 아무도 웃지 않았을 것이다. 직접적인 공격이고 비판이기 때문이다. (2)는 함축적이다. 공격은 공격인데 은근하다. 비판은 비판이지만 에둘렀다. 비유하자면 (1)은 펀치를 날리는 것이고 (2)는 뽕망치로 때리는 것과 같다. (1)은 웃기지 못하지만 (2)는 웃게 할 수 있다. 함축적 표현은 공격성을 감추기 때문에 시원한 웃음을 터뜨릴 수 있다.

김구라도 함축적인 공격을 잘하는 진행자다. 〈라디오스타〉에서 한 배우가 복근을 과시했는데 털이 자라 있었다. 방송인 탁재훈이 집요하게 체모 이야기를 이어가자 김구라가 질린다는 표정으로 말한다.

"탁재훈 씨가 좋아하는 토크예요."

'저런 토크나 좋아하는 탁재훈은 문제다'라는 뜻이 담겨 있다. 공격이고 비난이지만 그런 진의는 드러나지 않고 내포되어 있다. 그래서 공격성이 약화되고 웃음을 유도할 수 있었다. 함축적 공격은 뿅망치 때리기다. 주먹으로 맞는 장면을 보면서 웃을 사람은 없지만 뿅망치로 때리면 웃음이 터진다.

◉ 함축적으로 말하는 방법

그럼 어떻게 함축적으로 말할 수 있을까? 많은 방법이 있겠지만 가장 핵심적인 네 가지 방법을 설명하려고 한다.

첫째, 정상적인 대화 흐름을 깨면 함축이 생긴다.

A   도와주세요. 차에 기름이 떨어졌어요.
B   저기 오른쪽에 경찰서가 있어요.

함축 연구에서 중요한 공헌을 했다고 평가받는 영국의 언어철학자 허버트 폴 그라이스Herbert Paul Grice의 유명한 예를 변형한 것이다. 위 대화에서 B의 말을 들은 A는 의아했을 것이다. 주유소 위치를 알려줘야 하는데 경찰서의 위치를 설명했으니 이상할 수밖에 없다. 대화의 정상적 흐름이 깨진 것이다. 이때 함축이 생긴다. B의 말에는 숨은 속뜻이 있을 가능성이 높다. 경찰서에서 기름을 나누어주거나 도움을 줄 수 있다는 의미일 것이다.

A 부장님 말야, 무능하다고 생각하지 않니?

B 와, 오늘 날씨 너무 좋다. 하늘 좀 봐라.

A는 이상하게 생각할 것이다. B가 대화의 흐름을 깨버렸으니 말이다. B의 말에도 함의가 있다. '그런 이야기는 하기 싫다'라는 의미이거나 경고일지 모른다. 뒤에 부장이 있으니 입을 다물라는 뜻으로 엉뚱하게 날씨 이야기를 꺼냈는지 모른다.

둘째, 정보량이 적정하지 않을 때 함축이 생긴다. 정보량이 기대보다 많거나 적으면 말에 속뜻이 생겨나는 것이다.

A 어디에 사세요?

B 수도권 어디쯤에 살아요.

이 역시 그라이스가 제시한 예를 변형한 것이다. B는 정확하게 설명하지 않았다. 정보의 양을 적절히 제공하지 않은 것이다. 이 경우 정보는 너무 부족해서 결국 '당신에게 말하고 싶지 않아요'라는 뜻이 되기 쉽다.

A 얼마나 공부했어?

B 13시간 하고도 20분 동안 했어.

이 대화에서 B의 말에는 정보량이 지나치게 많다. 함축일 가능성이 높다. 아주 오래했거나 지겹게 공부했다는 뜻일 것이다. 아니면 전혀 안 했다는 말이 될 수도 있다. B는 아주 복합적인 함축을 담아서 말한 셈이다.

셋째, 과장을 하면 함축을 만들어낼 수 있다.

A   그 영화 재밌어요?
B   영원히 잊지 못할 거예요.

'영원히 잊을 수 없다'는 건 과장이다. 거짓되게 부풀린 말이다. 이런 경우에 말은 함의를 품는다. 영화가 굉장히 재미있었다는 뜻이다. 비슷한 경우로 '데이트 하는 동안 미칠 뻔했다'거나 '회사에서 숨막히는 일이 일어났다'라는 말도 마찬가지다.

넷째, 접속사 등 부사를 이용해서 함축을 만들 수도 있다.

그는 가난하지만 행복하다.
나마저 시험에 붙었다.

'그는 가난하지만 행복하다'는 말에는 가난하면 행복하지 않다는 함축이 들어 있다. '~하지만'으로 두 문장을 연결했기 때문에 이런 효과가 생긴다. '나마저 시험에 붙었다'도 함의를 갖는다. '시험이 아주 쉬웠다'와 '나는 공부를 정말 못한다'는 뜻이 숨어 있는 것이다. '마저'라는 부사가 이런 함축을 만들어냈다.

☺ 함축을 이기는 법

함축은 파괴력이 크다. 비난이나 놀림을 숨겨서 던지는 폭탄일 때가 많다. 그래도 저항하고 이겨낼 방법은 있다. 함축적 공격에 대응하는 데 필요한 무기는 두 종류다. 모른 척하기와 정면 돌파가 그것이다.

함축을 모른 척하면 함축을 이겨낼 수 있다. 순진한 백치처럼 반응하면 된다. 이 분야의 대표는 영화감독 장항준이다. 〈라디오스타〉에 출연한 장항준은 가수 윤종신에게 오랫동안 경제적인 도움을 받았다고 밝혔다. 윤종신은 그를 기꺼이 도와주는 좋은 친구였다. 그런데 어느 날은 달랐다. 장항준이 전화해서 300만 원을 빌려줄 수 있겠냐고 물었다. 언제나 흔쾌히 도와주던 윤종신이 그날은 뜻밖의 반응을 보였다.

윤종신 항준아, 우리가 나이가 몇인데 그 돈도 없어?

그 말에는 비수 같은 뜻이 내포되어 있다. '그 정도 돈도 없다니 안타깝고 답답하다'는 뜻일 것이다. 또는 '너는 돈을 벌 생각을 안 하냐'라는 질타였을지도 모른다. 이런 강력한 공격에 맞닥뜨리면 누구나 흔들린다. 뒤통수를 얻어맞은 듯 정신이 없어서 적절히 대응하기 어렵다. 보통 사람 같으면 자존심이 상해 전화를 끊었겠지만 장항준은 달랐다. 천진난만하게 함축 폭탄을 해체해버렸다.

윤종신 항준아, 우리가 나이가 몇인데 그 돈도 없어?

장항준 응, 없어.

윤종신은 군말 없이 돈을 빌려주었다고 한다. 함축적 비난은 복잡하다. 추리를 요구한다. 그런데 단순하게 받아들이면 힘을 잃는다. 백치처럼 순수하게 대응하면 적의 복잡한 공격을 이길 수 있다.

또 다른 예를 들어보자. 성장한 아들이 부모에게 경제적으로 의존하고 있는 상황이다. 부모는 아들이 평생 저렇게 살까 봐 걱정이다.

아버지 너는 부모가 평생 살 거라고 생각하니?

아들 오래 사시라고 항상 기도해요.

아버지는 언제까지 부모에게 기대 살 것이냐고 질문했지만 아들은 그 함의를 모른 척했다. 대신 효심 어린 답변으로 위기를 벗어났다. 부모는 어이없으면서도 아들이 장수를 기원한다니 기특하기도 했을 것이다. 함축을 모른 척한 언어 전략으로 상대를 무장해제시켜버렸다.

함축을 이겨내는 또 다른 방법은 정면돌파다. 숨은 뜻이 있다고 판단되면 숨은 뜻에 대해 정면으로 질문하는 것이다.

A   내일 영화 보러 갈래요?

B   시험공부해야 해요.

A   시험 끝나면 영화 보러 갈래요?

시험공부한다는 B의 말은 함축일 가능성이 높다. 같이 영화 보기 싫다는 뜻을 내포하고 있는 말이다. 하지만 A는 물러서지 않고 한 번 더 질문했다. A는 '당신의 숨은 뜻을 정확히 표현하라'는 요구를 한 셈이다. 그렇게 정면으로 밀어붙이면 함축을 이겨낼 수 있다.

또 다른 예를 보자. 〈유퀴즈온더블럭〉에서 이효리와 조세호가 전화 통화를 했는데, 조세호가 이효리에게 만나보고 싶다고 했지만 그녀는 호응하지 않았다.

조세호   한번 뵙고 싶어요, 진짜.

이효리   날씨 추운데 고생이 많네요.

조세호   아, 아닙니다.

조세호는 이효리에게 휘말리고 말았다. 그는 함축을 알아차리지 못했다. 이효리의 "날씨 추운데 고생이 많네요"라는 말은 대화의 정상적 흐름을 깼다. 이런 엉뚱한 말 속에는 함축이 들어 있다. '만나기 싫은데요'일 가능성이 크다. 그럴 경우 함축에 정면 대응해야 이길 수 있다.

A   날씨 추운데 고생이 많네요.

B   절 만나기 싫으세요?

B는 직접적으로 캐묻고 있다. 만나기 싫다는 뜻인지 물어본 것이다. 아주 직접적인 요구다. 성향에 따라 좀 더 부드럽게 말할 수도 있다. "저를 만나셔도 그렇게 불쾌하진 않으실 텐데요"는 어떨까?

영화 속에도 함축적인 대사가 많다. 〈타짜〉의 "나 이대 나온 여자야"가 대표적이다. 이 말에는 "나 높은 사람 많이 알아"라는 함의를 품고 있다. 〈범죄와의 전쟁〉에 나온 "내가 느그 서장이랑 밥도 묵고 사우나도 가고 다 했어"도 비슷하다. 자신의 영향력이나 권세를 함축적으로 표현한 것이다. 〈봄날은 간다〉의 "라면 먹고 갈래요?"는 배고프면 라면을 끓여주겠다는 뜻이 아니라 사랑을 느낀다는 함의를 담고 있다. 〈신세계〉의 "죽기 딱 좋은 날씨네"는 '아쉽지만 흔쾌히 죽겠다'는 뜻을 함축한다.

오래 기억되는 명대사 중에는 함축적 표현이 많다. 현실에서도 마찬가지다. 함축적으로 말하면 매력적으로 들리고 오래 기억된다. 특유의 재미도 준다. 함축은 대화를 유쾌하게 끌고 갈 수 있는 윤활유다.

상대의 마음을 여는
칭찬과 질문

심장이 크게 뛰는
칭찬을 하려면

왕과 노예가 똑같이 원하는 게 있다. 배를 채운 부자와 길거리의 걸인이 공통으로 갈망하는 것이 있다. 칭찬이다. 언제나 즐거워 보이고 늘 화사하게 웃는 친구도 칭찬에 배고프다. 자신만만하고 카리스마 넘치는 사장님도 다르지 않다. 인간은 타고난 불안 때문에 언제나 영원히 칭찬을 바란다. 그러니 칭찬은 인간관계의 명약이다. 칭찬 하나만 선물해도 누구든 기뻐하며 나에게 호감을 보낸다.

하지만 칭찬하기란 쉽지 않다. 좋은 칭찬의 조건은 까다롭다. 상대를 세심하게 관찰하고 거침없이 표현해주어야 하지만 구체적이고 창의적이어야 한다. 세속적인 칭찬은 오히려 반감을 산다. 만만찮은 칭찬의 기술을 TV 스타들에게서 배울 수 있다.

☺ 감탄은 마약이다

"너는 할 수 있어." "네가 장점이 얼마나 많은데"라는 칭찬만으로도 상대는 기운을 얻는다. 그러나 효과는 미미하고 짧다. 임팩트 있는 칭찬이 아니기 때문이다. 평가가 아니라 감탄이어야 칭찬의 효과가 강해진다. 머리에서 나와 입으로 앵무새처럼 내뱉는 칭찬이 아니라, 진정으로 느끼고 진심으로 터져 나오는 찬사가 좋은 칭찬이다. 유재석은 그런 칭찬의 달인이다.

〈일로 만난 사이〉에서 일을 끝내고 식사 시간이 되었다. 의뢰인이 차린 밥상을 보고 유재석은 진심으로 감탄한다. "어유, 이거 봐. 오늘 진수성찬…. 너무 잘 먹겠습니다." 해맑게 기뻐하는 표정과 감탄사가 어우러져 기분 좋은 장면이 연출되었다. 혹시 식사 대접이 부족하지 않을까 걱정했을지도 모를 의뢰인은 그의 말에 부담감이 사라지고 행복을 느꼈을 것이다. 그렇게 단숨에 남을 기쁘게 하는 힘이 있으니 유재석이 지금의 자리에 오른 것이다.

〈유퀴즈온더블럭〉에서는 가수 박진영에게 "소름 돋게 한다"고 칭찬했다. 생생한 비유여서 호소력이 있다. 박진영 본인도 정말 닭살 돋듯이 짜릿했을 것이다. 〈해피투게더〉에 출연한 강다니엘에게는 "어마어마합니다"라고 말했다. '굉장하다'거나 '대단하다'라고 할 수 있었겠지만 더 강한 표현을 선택했다. 유재석은 온 마음으로 감탄하고 칭찬하는 능력이 있다.

〈맛있는 녀석들〉의 출연자들도 감탄 어린 칭찬을 잘한다. 음식 담은 그릇을 상에 내려놓으면 김민경은 "어머나~" "세상에"라고 감탄한다. "어떻게 1년된 김치가… 말도 안 돼. 거짓말인 것 같아"라며 행복해한다. 김준현은 "보들보들하다." "돼지고기, 기가 막혀요." "구수해, 녹차맛 비슷하게"라고 칭찬을 늘어놓는다. 말의 길이를 늘여서 강조하기도 한다. "그냥 건강해지는 게 아니라, 그~언~강해질 것 같다"라는 식이다. 다른 출연자들도 음식을 먹으면서 "어우, 좋다." "어우, 시원하다." "아~ 진짜~." "오~"라며 감탄을 멈추지 않는다. 보는 사람도 그 음식이 맛있을 것 같다. 한 번 먹어보고 싶고, 그런 요리를 만든 요리사를 만나보고 싶은 마음이 샘솟는다.

요리를 해준 부모님이나 친구 또는 연인을 행복하게 만들고 싶다면 감탄하며 호들갑을 떨면 된다. 선물이 고맙다면 "소름 돋았어. 너무 놀랐잖아. 생각지도 못했는데 너무 고마워"라고 말하면 된다. 하나도 어렵지 않다. 부끄러워하지만 않으면 된다.

온 마음을 다해 감탄하고 감동받아야 진정한 칭찬이다. 놀라고 감동 어린 표정을 지어야 상대방의 마음에 행복이 채워진다. 그런 행복한 경험을 한 그들은 당신을 또다시 만나고 싶을 것이다. 그런 진심을 또 한 번 받고 싶어서 말이다. 감탄이야말로 마약 같은 칭찬이다.

☺ 창의성 없는 칭찬은 괴롭다

좋은 칭찬을 하려면 창의성 또한 필요하다. 세상을 놀래킬 만한 대단한 창의성이 아니라 작고 소박한 창의성이다.

〈맛남의 광장〉에서 백종원이 새로운 음식을 맛보이고는 출연진들에게 물었다. "어때? 괜찮아?" 기대 반, 불안함 반이었을 것이다. 누군가에게 평가받는 순간은 아무리 연륜이 쌓였다 해도 긴장되기는 마찬가지다. 그런데 평소에는 뛰어난 유머 감각을 자랑하는 한 출연자가 그날은 밋밋한 평가를 했다.

"아이들 간식으로 좋을 것 같아요."

인상적인가? 너무 평범하다. 아무나 말할 수 있는 클리셰다. 독창적이지 않은 칭찬은 상대에게 쾌감을 줄 수 없다. 반면 개그맨 양세형은 독창적인 칭찬을 했다.

"이게 겉에는 바삭바삭하면서 맛있는데 안에 들어가면 촉촉한데 또 안에 들어가니까 사과가 아삭아삭 씹히는 게…. 아름다워요. 아름다운 간식이야."

양세형의 칭찬은 감각적이고 구체적이다. 바삭바삭, 아삭아삭 등 부사를 많이 써서 그런 느낌을 만들었다. 또한 창의적이다. '겉은 바삭한데 속은 촉촉하다'만으로 끝났다면 싱거웠을 것이다. 이미 많이 쓰이는 상투적인 표현이기 때문이다. 그래서 그는 하나를 더 추가했다. '속의 사과가 아삭아삭하다'고 덧붙인 것이다. 이 표현이 그의 칭찬을 신선하게 만든다. 대단한 창의성이 필요치 않다. 그렇게 작은 창의성만 더해도 기분 좋은 칭찬이 된다.

상투적인 칭찬만큼이나 세속적인 칭찬도 무기력하다. 세속적인 칭찬을 하면 상대가 싫어한다. 진심 없는 칭찬으로 들리기 때문이다.

유재석이 아주 곤란한 칭찬을 들은 적이 있다. 〈해피투게더〉에서 한 출연자가 "국민 남편 유재석 씨"라고 부른 것이다. 유재석은 난감한 표정으로 "제가 국민 남편이에요?"라고 되물었다. 국민 남편이라고 불리기 어색하다는 의미였는데, 출연자는 물러서지 않고 이유를 추가한다.

출연자 국민 남편 유재석 씨….

유재석 (겸연쩍은 표정으로) 하하, 제가 국민 남편이에요?

출연자 그럼요…. 돈 잘 벌죠.

(유재석, 어색하게 웃는다.)

출연자 술도 안 먹고….

유재석 (술은) 못하는 거고요.

물론 그 출연자는 죄가 없다. '국민 남편'이라는 말은 아마 대본에 적혀 있었을 것이다. 그래도 어쨌든 유재석은 그렇게 불리는 걸 달가워하지 않았다. 아마도 모든 남편의 모범이라는 평가가 부담스러웠을 것이다. 술을 안 마시는 게 아니라 못 마신다는 대답은 '나는 우월한 게 아니라 다를 뿐'이라는 의미다. 그는 아마 경제력으로 자신을 높이 평가하는 게 싫었던 것 같다. 사실은 누구나 그렇다. '당신은 돈이 많아서 훌륭한 사람이다'라는 칭찬을 듣고 기분 좋은 사람은 거의 없어 보인다.

돈이나 학벌, 재산, 집안처럼 통속적인 기준으로 사람을 칭찬하면 진부하다. 창의적이지 않은 칭찬이어서 마음을 울리지도 못한다. 하지만 인성, 지성, 감성을 칭찬하는 것은 효과적이다. 당신은 좋은 사람이고 지혜롭고 감성이 풍부하다고 이야기해주면 누구나 좋아할 수밖에 없다. "너는 돈이 많아서 사람들이 좋아하는 거야"라는 말은 칭찬이 아니다. 하지만 "너는 창의적이야. 생각이 유연하고 열려 있어. 보기 드문 장점이지"라고 칭찬한다면 상대는 무척 기뻐할 것이다.

☺ 구체적인 칭찬이 자존감을 폭발시킨다

좋은 칭찬을 하려면 구체적으로 해야 한다. 막연히 칭찬하면 안 된다. 유재석은 이런 칭찬에도 능하다. 〈놀면 뭐하니?〉에서 개그맨 김승혜가 개인기를 보여주었다. 그런데 춤이 어색하다. 자신도 그걸 아는 표정이었다. 분위기가 가라앉고 본인도 기가 죽을 상황이었는데 유재석이 말했다.

"나는 승혜 씨 이런 게 웃겨요. 본인도 어색하면서…. 크크크."

어색하게 춤추는 게 오히려 장점이라고 말해주었다. '재미있어요'는 추상적이지만 '어색하면서 계속 춤을 추는 게 웃겨요'는 구체적인 칭찬이다. 진심 어린 칭찬으로 들릴 것이고 듣는 사람은 너무 고마웠을 것이다. 〈미추리〉에서도 비슷한 상황이 있었다. 가수 제니가 던진 농담 하나로 사람들이 웃음을 터뜨렸다. 함께 웃던 유재석이 갑자기 웃음을 멈추고는 이렇게 말했다.

"제니가 이쪽 부분에 되게 강해요. 이 시간이 제니 타임이에요."

제니는 아마 자신감을 얻었을 것이다. 유재석의 구체적인 칭찬 덕분이다. 자신의 어떤 유머가 칭찬받는지 경험한 제니는 아마 어느 자리에서도 그런 유머를 자신 있게 구사할 수 있을 것이다. 구체적인 칭찬이 자신감과 자부심을 높인다는 것을 기억해야 한다.

그러면 현실에는 이를 어떻게 적용해야 할까? 아래의 두 가지 칭찬을 비교해보자.

(1) 너는 뭐든지 잘할 수 있어. 꿈을 가져.

(2) 너는 특히 언어 감각이 탁월해. 단어에 대한 감각이 예민한 것 같아. 그러니 네가 원하는 꿈을 이룰 수 있을 거야.

(1)도 진심이 담긴 칭찬이다. 하지만 약하다. (2)가 훨씬 좋다. 구체적으로 장점을 찾아내서 자세히 알려줬기 때문에 상대가 자신감을 갖게 될 것이다. '나에게 이런 힘이 있었구나'라고 자부하면서 말이다. 연인을 칭찬할 때도 마찬가지다. '너는 얼굴이 참 예쁘다'보다는 '너의 깊고 신비한 눈빛이 감동적이다'라고 구체적으로 말하는 게 좋다. 부하 직원을 칭찬할 때도 무엇을 어떻게 잘했는지 명확히 말해줘야 칭찬 효과가 높다.

☺ 자신을 칭찬할 줄 알아야 남도 칭찬할 수 있다

그런데 꼭 필요한 칭찬이 하나 있다. 바로 자기 자신을 향한 칭찬이다. 자존감이 없는데 남에 대해 진심으로 칭찬할 수 있을까? 그렇지 않다. 단단한 자존감이 있어야 상대에게 질투를 느끼지 않고 마음에서 우러난 칭찬을 할 수 있다.

혼자 있을 때 자신을 칭찬해보자. 오늘 수고했고 잘했고 괜찮았다고 말해주는 것이다. 나 자신에게도 구체적이고 창의적으로 칭찬해야 한다. "주눅 들지 않고 발표한 게 멋있었고, 스트레스가 심했을 때

하늘을 보면서 심호흡한 것도 훌륭했어"라고 말해주면 된다. 홀로 하는 자기 칭찬은 외로움을 덜어주고 자존감에 물을 흠뻑 주는 것이다. 다른 사람 앞에서도 종종 자신을 칭찬해야 한다. 물론 자화자찬은 위험하지만 위험에 빠지지 않는 방법이 있다. 겸손과 자부심을 동시에 드러내면 된다. 방송인 최화정은 뷰티 노하우를 소개하는 프로그램에 나와서 센스 있게 자부심을 드러냈다.

> "작게나마 내가 할 얘기가 있을 거 같았어요. 왜냐하면 나는 그 어떤 MC보다도 오래 살았고 오랫동안 그런 뷰티 노하우가 축적되었을 테니까요."

당당하고도 겸손하다. 나이가 많은 것이 장점이라고 주장했으니 당당하다. 동시에 겸손하기도 하다. 나이가 많아서 지식과 경험이 축적되었을 뿐이라고 했으니 말이다. 아울러 '작게나마'라는 표현을 써서 또 한 번 자신을 낮췄다. 이처럼 자부심과 겸손함을 동시에 드러내는 자화자찬은 세련된다. 전혀 거북하지 않다.

백종원도 자기 칭찬 능력이 뛰어나다. 〈어서 와, 한국은 처음이지?〉에 이탈리아 요리사 파브리가 출연했을 때다. 이탈리아 사람들에게 김치 담그는 법을 알려주는 이벤트를 열 계획이었던 그는 백종원에게 도움을 줄 수 있냐고 물었다. 백종원이 승낙하며 이유를 밝혔다.

"내가 왜 해주냐면 이건 예능이지만 한식을 외국에 알리는 거잖아. 되게 중요한 역할을 하는 거야. 파브리가 우리 한국 사람들에게는 되게 고마운 존재예요…. 끝까지 도와줄게."

백종원의 말에는 두 가지의 의미가 있다. 먼저 파브리의 김치 홍보가 중요하다고 언급했다. 그러니 자연스럽게 그 중요한 일을 돕는 백종원 자신의 역할도 중요해진다. 백종원은 상대를 칭찬함으로써 자신도 칭찬하는 실력을 보인다. 또한 겸손과 자부심을 함께 드러내는 자화자찬 기술도 보였다.

"우리나라에서 김치를 잘 담그는 사람은 되게 많아. 잘 담그는 순서라면 나는 요 정도(낮은 순위) 돼. 그러나 쉽게 담그는 걸로는 내가 거의 위(에 있어요)."

겸손한 자기 자랑은 형용모순 같지만 불가능한 것은 아니다. 백종원은 자신을 겸손하게 자랑했다. 어떤 면은 부족하지만 다른 면에서는 최고라고 당당히 자부한 것이다. 그렇게 겸손과 자부심을 동시에 표현하는 칭찬 기법을 현실에서도 얼마든지 적용할 수 있다.

취업 인터뷰 현장이라고 가정하자. 소비자 응대를 잘할 수 있겠냐는 질문이 나왔다면 다음 중 어느 쪽이 더 믿음을 줄까?

(1) 문제없어요. 저는 뭐든 자신이 있습니다.

(2) 다른 건 몰라도 그건 제가 잘할 수 있습니다.

(1)은 '나는 못하는 게 없다'는 뜻이어서 허풍처럼 들리기 쉽다. (2)번이 낫다. 자신의 한계를 언급하면서 자신감을 표현하면 상대에게 신뢰감을 줄 수 있다. 백종원처럼 '어떤 것은 부족하지만 이것만은 잘한다'라고 말하는 사람이 자기 칭찬의 실력자다.

자기 자신을 칭찬하지 못하면 남을 칭찬하기도 어렵다. 자신을 자주 칭찬하는 사람이 남 칭찬도 잘한다. 자존감이 굳건히 뿌리를 내리고 있어야 타인에 대한 사랑이 넘쳐 상대의 장점과 성과를 있는 그대로 받아들이고 긍정할 수 있다. 틈날 때마다 자기 칭찬을 많이 하자. 자신감이 충만해지고 마음의 여유 공간이 넓어질 것이다.

설득하지 않아야
설득할 수 있다

가수 아이유의 방에 바퀴벌레가 나타났다. 유튜브 〈IU TV〉에서 그녀
가 직접 밝힌 이야기다. 바퀴벌레는 유달리 컸다. 벌레 공포증이 전혀
없다는 아이유마저 깜짝 놀랄 정도였다. 아이유는 급한 일이 있어서
바퀴벌레를 두고 집을 나서야 했다. 큰 문제가 아닐 수 없었다. 바퀴벌
레가 어디 숨어버려도 안 되지만 몰래 알을 낳아 번식을 시도하면 더
큰 재앙이다. 절대 그냥 둬서는 안 된다. 아이유는 다급히 남동생에게
전화해서 바퀴벌레를 퇴치해달라고 부탁했고 남동생은 한달음에 달
려와 신속히 처리해주었다.

바퀴벌레를 죽이려고 몸을 움직여야 하는 상황은 누구라도 탐탁
지 않을 것이다. 그런데 아이유는 바퀴벌레를 죽일 수 있도록 남동생

을 설득했다. 강요한 것도 아니고 강제로 시킨 것은 더더욱 아니다. 남동생이 동의하여 행동하도록 유도했으니 설득이다.

인간의 커뮤니케이션 중 상당 부분은 설득을 위한 것이다. 타인을 나의 뜻대로 움직이게 만드는 게 설득인데, 의식하건 아니건 우리는 하루 종일 서로 설득하면서 지낸다. 반찬이 짜다는 투정도, 소개팅 시켜달라는 부탁도, 시간을 아껴야 한다는 조언도 모두 설득이다. 바퀴벌레를 죽여달라고 동생에게 부탁해 그의 마음을 움직이는 것도 물론 설득이다. 설득력이 높은 사람은 가정과 직장 생활이 평화롭다. 반대로 설득 기술이 부족하면 허구한 날 갈등을 키운다. 설득 기술은 인간적인 삶의 필수 기술이다. 그런데도 이 기술을 배울 기회는 많지 않다. 안타까운 현실이지만, 그래도 TV 스타들에게서 힌트를 얻을 수 있다.

☺ 아주 쉬운 일이라고 유혹하기

처리할 일이 쉽고 간단하다고 말하면 상대를 설득하기 수월하다. 아이유는 남동생에게 바퀴벌레를 방에 가둬두었다고 했고 최종 위치도 정확히 알려주었다. 그러니 남동생 입장에서는 일이 쉽게 느껴졌을 것이다. 집 안을 다 뒤질 필요 없이 방 하나만 살펴보면 되니까 말이다.

회사에서 직원에게 힘든 일을 시킬 때도 아이유처럼 말하면 된다. '이 일만 하면 된다'고 강조하는 것이다. 가정에서는 자녀에게 '문제 20개만 풀면 된다'고 말하면 된다. 할 일이 적고 쉽게 보이도록 말하는 것이 설득의 중요한 기술이다.

일의 수월성을 강조해도 설득력이 높아지지만, 힘든 일이 곧 끝난다는 약속도 감언이설로 좋다. 〈무한도전〉에서였다. 유재석이 정준하의 대입 4수 경험에 대해서 이야기를 꺼냈다. 정준하는 말하고 싶지 않은 주제여서 반발한다. 이럴 땐 어떻게 해야 상대를 설득할 수 있을까? 유재석은 다독였다.

정준하 (괴로운 표정으로) 그만하라니까.
유재석 (정준하의 팔뚝에 손을 얹으며) 여기까지만 이야기할게.

먼저 상대의 팔에 손을 얹어서 다독였다는 사실이 중요하다. 불안해하는 아이의 등을 토닥거리듯이 유재석은 신체 접촉을 통해 정준하를 진정시켰다. 그다음으로 '여기까지만' 하겠다고 말했다. 그 말은 정준하의 입장을 이해한다는 뜻이다. 네가 얼마나 힘든지 안다는 것이다. 그러고는 약속을 했다. 힘든 일이 곧 끝난다는 의미다. 상대가 견딜 수 있는 용기를 주는 약속이다.

고난의 시한을 짧게 잡아 제시하면 설득력이 높아진다. 예를 들어 직장에서 부하 직원이나 동료에게 '조금만 더 고생하면 끝난다'라고 약속하는 식이다. 공부 때문에 힘들어 하는 자녀에게도 '딱 3일만 더 집중하는 걸 목표로 하자'고 타이르는 것도 효과적이다. 지친 나 자신을 설득할 때도 시한 설정이 유용하다. '오늘만 애를 쓰자.' 또는 '열

흘만 죽었다고 생각하자'라고 다짐하면 견딜 힘이 생긴다. 사랑을 잃은 사람들이 되뇌이는 주문 같은 문장도 같은 종류다. '오늘만 살아내자'고 자신을 다독이다 보면 시련의 아픔을 견디며 살아낼 수 있다.

☺ 보상 제시하기

달콤한 이득을 대가로 제시하는 것도 설득의 한 방법이다. 사실은 이 방법이 가장 일반적이면서 강력한 설득의 수단이다. 아이유는 바퀴벌레를 처리해주면 '뭐든지 다 해주겠다'고 남동생에게 약속했다. 남동생이 설득되고도 남을 강력한 대가를 제시했던 것이다. "도와주면 용돈 줄게"라면서 설득하는데 거부하는 자녀는 많지 않다. 승진의 기회를 걸어 놓고 직원들을 독려하는 기업가는 세상에 넘치게 많다. 그런 물질적 보상만 효과가 있는 것은 아니다. "도와주면 나도 널 도와줄게"처럼 상호 간의 도움을 대가로 제시할 수도 있다.

기회의 가치를 환기시켜도 상대를 움직일 수 있다. 〈유퀴즈온더블럭〉에 배우 김동희가 출연했다. 유재석은 어머니에게 영상 편지를 띄우라고 제안했지만 김동희는 주저했다.

유재석 어머님께 영상 편지를 보내는 것은 어떨까요?

김동희 아… 부끄러운데….

유재석 그래도 직접 이야기하는 것보다는 이게 훨씬 나아요.

'그래도'라는 말은 부끄러운 마음을 충분히 알겠다는 뜻이다. 즉 당신의 감정은 이해한다는 의미다. 그다음으로 유재석은 말했다. '그 래도 ~보다는 이게 훨씬 나아요'라고 말이다. 당신의 부끄러운 마음 은 이해하지만, 영상 인사를 하는 게 훨씬 이득이라는 뜻이다. 이번 기 회를 놓치면 손해라는 뜻도 된다. 결국 듣는 사람의 머릿속에는 이런 메아리가 울려 퍼진다. '나의 제안을 받으면 이득이고 거부하면 손해 입니다. 어떻게 할 건가요?' 상대는 고민하겠지만 결국엔 이득을 택할 것이다.

설득력을 높이려면 유무형의 이득을 제시하는 게 효과적이다. '이 일을 하면 선물을 주겠다'는 약속이 사람을 움직인다. 또 '이번 기 회를 잡으면 큰 이득이다'라면서 이점을 제시해도 영향력이 생긴다. "자녀분에게 꼭 필요한 상품입니다." 같은 말처럼 누군가에게 소중한 제삼자의 이득을 제시하는 것도 좋은 설득 방법이다.

☺ 의미 부여하기

일의 수월성이나 대가를 제시할 수 없을 때는 일에 의미를 부여하면 좋다. 해야 할 일이 중요하고 의미 있다고 강조함으로써 상대를 감명 시키고 설득하는 것이다. BTS의 RM이 기자회견장에서 했던 말을 참 고해보자.

"제가 이번 타이틀인 〈작은 것들을 위한 시〉에서도 날개라는 표현을 썼는데, 기자님들이 써주시는 많은 단어들과 기사들이 저희의 날개의 일부라고 진심으로 생각하고 항상 감사하는 마음을 갖고 있습니다. 저희 날개의 일부가 되어주셔서 너무나 감사하고요. 달아주신 만큼 멋있게 열심히 날겠습니다."

연예인들은 보통 기자들에게 "좋은 기사 부탁드립니다"라고 직접적으로 호소하는데, RM은 다르게 다가선다. 그는 우선 비유법을 택했다. 기사를 날개에 비유했는데 그 비유 덕분에 기자들이 BTS의 세계적 비상을 도와주었다는 논리가 성립된다. 기자들이 하는 일에 큰 의미를 부여한 것이다.

백종원도 의미 부여를 잘한다. 포항에 가서는 "포항이 원래 기적을 일으키는 도시"라고 말한다. 서울의 한 카레집에서는 젊은 식당 주인들을 "우리나라 요식업을 짊어지고 갈 사람들"이라고 평가했다. 농민을 돕기 위한 프로젝트를 진행하면서는 "우리가 그런 (서로 돕는) 민족"이라고 말했다. 밥집을 운영하거나 농가를 돕는 상품을 구입하는 행위가 모두 중요하고 의미 있는 일이라고 강조한 것이다. 이렇게 말하면 설득력과 영향력이 높아진다.

작가 김중혁도 의미 부여가 설득력을 강화한다는 걸 보여준 적이 있다. 그는 〈대화의 희열〉에서 DJ 배철수에게 감사를 표했다. 어느 날 차를 운전하는데 자신이 가장 좋아하는 음악이 배철수가 진행하는 라디오 방송에서 흘러나왔다고 한다. 그때 "분위기와 노을과 음악이 하나로 되면서 절대 잊을 수 없는 내 인생의 한순간이 되었다"고 말했다. 그렇게 사람들에게 "평생의 행복 같은 것들"을 만들어주는 게 배철수의 일이라고 작가 김중혁은 의미를 부여했다. 그러자 배철수는 감동해서 이렇게 말한다.

"김중혁 작가가 이렇게 이야기하니까 내일부터 진짜 열심히 해야 되겠다."

상대의 일이 중요하다고 의미를 부여하면 그 사람을 움직일 수 있다. 자녀, 부모, 직장 동료, 친구, 연인 등 모두가 그렇다. 그들에게 내 인생에서 그들이 둘도 없이 소중하고 의미 있는 존재라고 말해주면 그들은 크게 감동하며 자신도 진심을 다해야겠다고 생각한다.

보이지 않게 설득하기

보이지 않는 설득도 있다. 내가 좋아하는 것이 무엇인지 분명히 밝히면 상대를 움직일 수 있다. 〈인생술집〉에서 작사가 김이나가 말했다.

"내가 가장 좋아하는 칭찬이 SNS에서 해주는 칭찬이에요…. (나는) 인정 욕구의 화신입니다."

사실은 모두가 비슷하다. 인간 심리의 심연을 비춘 말이어서 출연진들은 박수를 치면서 폭소했다. 그렇게 자신이 가장 좋아하는 것이 무엇인지 밝히면 영향력이 생긴다. 좋아하는 음식, 좋아하는 노래, 좋아하는 어투를 명확히 말하는 것이 바로 설득 작업이다. 예를 들어서 좋아하는 음식이 뭔지 알려주면 누군가는 그 음식을 잘하는 맛집에 나를 데려갈 것이다. 내가 좋아하는 걸 수줍게 숨기지 말고 높이 떠들어야 나의 설득력이 커지는 것이다.

반대로 가장 싫어하는 걸 말해도 된다. 싫어하는 태도, 싫어하는 인간 유형, 싫어하는 상황을 명확히 묘사하고 설명하는 게 곧 설득이다. 내가 정말 싫어하는 어투가 어떤 것인지 말해주면 나를 사랑하는 사람은 그 어투만은 피할 게 분명하다. 내가 싫어하는 것을 적극적으로 말해야 한다. 그런 설득은 설득처럼 보이지 않기 때문에 더욱 매끄럽게 상대의 마음에 작용한다.

설득하지 않으면서 설득하는 기술은 신동엽이 뛰어나다. 〈미운우리새끼〉에 배우 이태성이 출연했다. 그는 싱글 대디로서 아이에게 미안한 마음이 많다고 했다. 가령 갑자기 일이 생기면 어린 아들을 두고 촬영하러 떠나야 한다. 그럴 때 아이는 차가 보이지 않을 때까지 손을 흔든다고 했다. 아빠는 이 모습을 보면 눈물이 날 것 같다.

"그때 너무 눈물이 나오려는 거예요…. 차가 안 보일 때까지 (아이가) 계속 손을 흔들고 있더라고요."

이태성이 밝힌 마음 아픈 이야기다. 출연진도 모두 안쓰러워하면서 전체적인 분위기가 가라앉았다. 하지만 예능이다 보니 분위기가 너무 가라앉으면 안 되겠다 싶었던지 신동엽이 분위기를 살리려고 한 마디를 던졌다.

(1) 이제 분위기를 좀 끌어 올리죠. 웃어보세요.
(2) 그런데 너무 귀엽다. (웃는 표정으로 손을 흔들며) 끝까지 아빠 잘 가라고 손 흔들고….

(1)은 명백한 설득이다. 의도나 목표가 분명히 제시되어 있다. 그런데 신동엽은 (2)라고 했다. 분위기를 바꾸자는 직접적 제안이 없었지만 신동엽이 이렇게 말하자 곧 분위기가 밝아졌다. 아빠 이태성이 슬픈 표정을 지우며 웃었고 다른 출연자들도 마음이 밝아졌다.

신동엽은 "웃어보세요"라고 말하지 않고도 웃도록 설득해냈다. 그러면 무엇이 설득력을 낳았을까? 그가 웃으며 손을 흔드는 연기를 했고 '아이가 귀엽다'고 밝게 말했던 게 주효했다. 설득 없이 사람들을 움직인 그의 말솜씨가 놀랍다.

설득처럼 보이지 않는 설득이 효과가 더 높다. "요즘 즐거운 일 있니?"라는 질문이 그렇다. 기분을 풀고 기쁜 생각을 해보라는 제안이자 설득이다. "너는 웃으면 참 멋있어." 같은 평가도 설득이다. 더 많이 웃어보라고 이끄는 말이다. "나는 너의 칭찬이 무척 좋아"도 칭찬을 더

해달라는 설득이 된다. 이렇게 보이지 않는 설득은 가슴속에 스며들기 때문에 따뜻한 영향력을 발휘한다.

☺ 깊은 마음 공유하기

나의 깊은 속마음을 이야기하는 것도 효과가 높은 설득 방법이다. 마음을 공개하는 건 나를 이해해달라는 요청이자 부탁이다. 가수 아이유의 경우가 돋보인다. 유튜브 〈아이유의 집콕시그널〉에서 그녀는 공개한 적이 없다는 한 가지 고백을 했다. 팬미팅을 마치고 집에 돌아가면 잠이 오지 않았다는 것이다. 바로 '죄책감' 때문이었다.

> "팬미팅이나 팬사인회를 다녀오면 그날 밤은 유독 잠을 못 잤어요. 죄책감 때문에…. 그분들의 사랑하는 눈빛을 받는 게 너무 부끄러운 거예요…. 내가 죄를 짓고 있는 것 같은…. 내가 정말 팬들이 사랑하는 그 사람일까?"

팬들을 속이고 있는지도 모른다는 죄의식이 20대 초반 아이유를 괴롭혔다고 한다. 그런데 그런 죄책감은 선량한 대중 스타들의 공통된 감정이기도 하다. 다른 스타도 비슷한 말을 했다. 〈유퀴즈온더블럭〉에 출연한 BTS 지민은 세계적 스타로 급성장하고 관심과 사랑을 받으면서 오히려 죄스러웠다고 고백했다.

"(급성장하면서) 팬은 무섭다는 이야기를 많이 했던 것 같아요. 우리는 대단한 사람들이 아닌데 업적이 생기고 하니까 부담되고… 죄스럽고."

아이유와 지민의 고백은 힘이 세다. 부끄럽고 죄스러워서 마음이 흔들렸다고 했는데, 그 말은 듣는 사람의 마음도 흔들리게 만든다. 그들을 이해하고 위로하고 싶어지는 것이다.

자신의 감정을 드러내고 공유하면 진실된 커뮤니케이션이 가능해진다. 미국의 작가 피터 구버Peter Guber는 말했다.

"자신에게 진실하다는 것에는 감정을 보여주고 나누는 것도 포함된다. 대다수 위대한 스토리텔러가 동기화한 마음은 '내가 느끼는 걸 여러분도 느끼길 원해요'이다."

나의 감정을 고백하고 나누면 타인의 마음을 움직일 수 있다. 나를 더 잘 이해하고 더 따뜻하게 응원하도록 이끌 수 있는 것이다. 깊은 마음을 솔직히 말하는 것은 나를 이해시키는 아주 좋은 방법이다.

상대를 행복하게 만드는 질문 테크닉

질문은 노크다. 상대방 마음의 문을 여는 시도가 질문이다. 그러나 아무거나 묻는다고 마음이 열리진 않는다. 상대방이 자발적으로 마음을 열고 흔쾌히 토로하게 만드는 질문 방법이 있다. TV 속에서 가장 질문을 많이 하는 사람 가운데 한 명은 유재석이다. 우리는 그가 수십 혹은 수백 번 질문하는 걸 본다. 그런데 왜 지겹지 않을까? 왜 불편하지 않을까? 질문을 잘하기 때문이다. 그의 질문법을 공부하면 우리의 질문 능력도 일취월장한다.

☺ 행복한 기억을 떠올리게 한다

행복하게 만드는 질문만큼 좋은 것은 없다. 누구에게나 기뻤거나 마음 따뜻해지는 기억이 있다. 그것을 말하도록 유도하는 질문은 항상 성공한다. 유재석은 행복한 질문의 권위자다. 〈유퀴즈온더블럭〉에 별명이 메뚜기인 초등 교사가 출연했다. 같은 별명을 가진 유재석이 물었다.

> **유재석** 메뚜기 별명을 가지신 지가 몇 년 되셨습니까?
> **교사** 20년 되었습니다.
> (사람들 모두 크게 웃는다.)

대단한 질문과 대답이 아닌데 출연자와 촬영 스태프들은 크게 웃었다. 머리에 그림이 그려졌기 때문이다. 아이들이 수군거리며 선생님을 메뚜기라 부르고 선생님은 슬쩍 웃어주는 장면 말이다. 20년 동안이나 이어온 그런 교실 풍경에 마음이 따뜻해지고 기분이 좋아진다. 행복한 기억을 떠올리는 질문이 모두를 기쁘게 만들었다. 뒤이은 질문도 기분 좋았다.

> **유재석** 일하시면서 보람을 느낄 때도 많으시겠지만 가장 큰 보람은 혹시…?
> **교사** 아이들이죠. 아이들이 잘 성장하고 있는 걸 보면….

후회했거나 어려운 점이 없었는지 묻지 않고 보람이 무엇이냐고 물었다. 교사의 답변에 씩씩하고 건강하게 자라는 아이들의 모습이 눈앞에 그려진다. 대답하는 사람이나 시청자나 기분이 좋아질 수밖에 없다.

〈유퀴즈온더블럭〉에는 행복한 질문이 자주 등장한다. 일례로 대학 시절 선후배로 만나 결혼했고 지금은 반찬가게를 운영하는 부부에게 유재석은 이렇게 질문한다.

"연애 때 생각나는 인상 깊은 노래들 있잖습니까? 혹시 좀…."

없을 리 없다. 누구에게나 젊은 시절의 노래가 있다. 사랑에 빠졌다면 말할 것도 없다. 유재석은 그것을 꺼내달라고 요청했다. 부부는 젊은 시절의 추억을 떠올리며 행복했을 것이다.

대답하면 행복해지는 질문이 세상에서 가장 좋은 질문이다. 우리도 현실에서 그렇게 질문하면 된다.

"우리 사귄 지 1년이 되었네. 제일 행복한 순간은 언제였어?"
"이 분야에서 20년 넘게 일하셨는데, 가장 보람 있거나 즐거웠던 기억은 뭔가요?"
"여행에서 재미있었던 일 좀 자세히 얘기해줘."

아주 평범한 질문들이다. 하지만 질문의 효과는 평범하지 않다. 질문하고 답하는 사이에 불쾌감, 경쟁의식, 미움, 원망 같은 부정적인 감정은 증발해버린다. 행복한 한 줄의 질문은 강력한 힘을 발휘한다. 부정적인 감정을 순식간에 씻어준다. 아울러 행복한 질문은 자발성을 유도한다. 답변자 스스로 마음을 열고 행복했던 기억을 기꺼이 꺼내놓는다. 행복한 이야기를 해달라고 부탁하는 데 비협조적으로 나올 사람은 없다.

⊚ 자부심을 느끼게 한다

행복한 기억 못지않게 사람들을 들뜨게 만드는 것이 자부심을 느끼게 하는 것이다. 사람들은 자신이 가치 있고 능력 있다고 확인받으면 어깨가 솟아오른다. 그런 자부심을 선물하는 질문도 역시 훌륭하다.

〈놀면 뭐하니?〉에 배우 김소연이 출연했다. 그녀는 한 드라마에서 보여준 명연기로 크게 주목받았다. 유재석은 이렇게 질문했다.

유재석 어떠셨어요? 촬영을 끝내고 (연기하는 장면을) 실제로 보셨을 때….

김소연 정말 영광이었어요. 배우로서 저런 씬을 찍을 수 있는 것만으로도 영광이고 행운이구나….

김소연은 영광이고 행운이라고 겸손하게 표현했지만, 그 영광된 순간을 떠올리면서 자부심을 느끼고 자존감도 높아졌을 것이다. 자기가 잘했던 일을 상기하면서 자부심이 샘솟는 건 지극히 자연스럽다. 그런 기회를 유재석이 제공한 것이다. 곧이어 유재석은 또 다른 질문을 던졌다.

유재석 (악역 연기가 극찬을 받았는데) 기억에 남는 칭찬이 있습니까?
김소연 코리안 조커? 제 입으로 말하기는 너무 쑥스럽네요.

김소연은 자신이 악연 연기의 대가처럼 평가받는 게 부끄러우면서도 자랑스러웠을 것이다. 유재석의 질문은 권유나 다름없다. '당신은 아주 잘했어요. 좋은 기억을 맘껏 떠올리면서 자부심을 느껴보세요'라고 상대를 이끌었던 셈이다.

상대방의 성취를 짚어주면서 자부심을 느끼게 하는 질문 기술은 해외 인터뷰에서도 찾을 수 있다. 페이스북의 설립자 마크 저커버그Mark Zuckerberg가 역사학자 유발 하라리Yuval Harari와의 인터뷰를 공개했는데, 한 대목을 번역하면 이렇다.[**]

마크 저커버그 대부분 역사학자들은 과거를 다루고 분석하는데, 당신의 많은 저작은 미래에 대한 아주 흥미로운 통찰력을 보이면서 중요한 문제도 제기했습니다. 그래서 오늘 당신과 대화할 수 있게 되어 아주 기쁩니다.

유발 하라리　만일 역사학자와 철학자가 테크놀로지의 현재 문제나 인류의 미래에 관여하지 않는다면, 그것은 책무를 하지 않는다는 뜻입니다…. (과거가 아니라) 현재 우리와 미래의 사람들에게 일어날 일이 중요한 문제입니다.

마크 저커버그는 유발 하라리를 높이 '띄워'주었다. 유발 하라리가 현재와 미래 문제에 관심 있는 역사학자라는 건 누구나 알고 있는 사실이다. 그것이 하라리의 장점이기도 하다. 저커버그는 그 사실을 다시 상기하고 하라리가 언급하도록 유도했다. 하리리로서는 자부심과 사명감을 동시에 재확인하면서 기분이 좋았을 것이다.

유재석이나 마크 저커버그처럼 말해야 한다. 상대방의 장점이나 성과에 주목하면서 질문을 던지는 것이다. 질문을 통해서 상대가 자부심을 드러낼 무대를 열어주는 것이다.

"어떻게 이런 놀라운 성과를 냈나요? 성공의 원동력은 뭘까요?"
"이렇게 맛있는 음식을 만든 비결은 뭔가요?"
"시험 성적이 쑥 올랐네. 어떻게 한 거야?"
"그런 높은 목표에 도전하려면 용기가 필요했을 것 같아요. 자세히 이야기해주세요."

상대를 고양시키는 질문들이다. 자부심과 자존감은 때때로 유리 그릇처럼 약하다. 여러 상황 속에서 우리의 자부심과 자존감은 매일 조금씩 깨진다. 누구도 자신의 가치를 알아주지 않는 것 같아 서글프고 외로울 때도 있다. 그런 사람들의 약한 마음을 파고들어 그들의 가치를 일깨우고 인정해주면 고마울 수밖에 없다.

☺ 예의 바르게 묻는다

질문하는 태도도 중요하다. 조심스럽고 예의 바르게 질문해야 하는데, 하나만 알아도 된다. '~이지만 ~인가요?'라는 질문 구조를 따르면 예의 바르게 질문할 수 있다.

〈아이유의 집콕시그널〉에서 아이유가 자신의 노래 17곡을 작사한 김이나에게 질문한다. 가장 마음에 드는 한 구절을 꼽아달라는 질문이었다.

"이런 질문 너무 어렵지만 17곡 중에서 (가장 좋은) 한 구절을 꼽는다면…?"

'너무 어렵지만'이라는 전제를 두었는데, 그 짧은 어구에는 답하기 어려운 질문을 해서 미안하다는 뜻이 담겨 있다. 대답해주면 좋겠지만 거절해도 어쩔 수 없다는 뉘앙스도 있다. 상대를 전혀 압박하지 않는 질문이다. '~하지만'을 붙이면 예의 있는 질문이 된다. 유재석의 공식 질문 중 상당수가 이와 같은 구조다. 〈유퀴즈온더블럭〉에서 그는 드라마 작가 김은희에게 이렇게 물었다.

"장르물과 멜로, 둘 다 어렵지만 굳이 따지자면 김은희 작가님은 어떤 게 좀 어려우세요?"

'둘다 어렵지만 굳이 따진다면'이라는 표현이 질문을 겸손하게 만든다. 자신의 질문이 부족하다는 걸 미리 인정하고 시작하는 것이다. 유재석이 던진 질문의 속뜻을 풀어보면 왜 예의 바른 질문인지 분명히 알게 된다.

"장르물과 멜로 중에서 쉬운 게 어디 있겠어요? 저도 알지만 부족한 질문을 할게요. 굳이 말하면 어느 쪽이 더 힘들까요?"

유재석은 제주도에서 혼자 책을 읽던 남성에게는 이렇게 질문했다.

"다 읽으시지 않았지만 와닿았던 내용이 있습니까?"

'다 읽지 않아서 대답하기 힘드시겠지만'이라는 뜻이다. 유재석은 부족한 질문이라고 양해를 구하고 그래도 답해줄 수 있겠느냐고 물었다. 한 번은 같은 프로그램에서 서울 종로구 석파정을 방문했다. 매년 가을에 그곳을 찾는다는 여성에게 유재석이 물었다.

"작년하고 올해를 비교해봤을 때는 (풍경이) 어떻습니까? 기억이 좀 흐릿하긴 하시더라도."

이 질문을 번역하면 '석파정의 작년 풍경과 올해 풍경이 어떻게 다른가요? 물론 작년의 풍경을 뚜렷이 기억할 수 있는 사람이 어디 있겠어요. 그다지 좋은 질문은 아니지만 그래도 답해주실 수 있을까요?' 라는 뜻이 될 것이다.

이런 류의 질문은 내용은 달라도 유형은 동일하다. '~하겠지만 ~인가요?'이다. 그런 문장 구조는 질문의 불완전성을 미리 인정한다. 또 부족하고 불편한 질문이어서 미안하다는 뜻도 담고 있다.

그러나 무례한 사람들은 전혀 다른 태도로 질문한다. 자신의 질문이 완전하다고 전제한다. 그러니 질문이 미안할 리도 없다. 가령 "왜 일을 이 따위로 했어?"라고 캐묻는 직장 상사가 그렇다. "너는 왜 그렇게 사냐?"라고 말하는 친구도 비슷하다. 그들은 자신의 판단이 정확하다고 확신한다. 자신들의 질문의 가치를 믿어 의심치 않는다.

유재석은 다르다. 나의 질문이 부족하다는 걸 인정하는 선에서 출발한다. 이런 예의 바른 태도는 대화를 원활하게 만든다. 나의 질문이 부족하니 당신의 대답 또한 불완전해도 된다는 뜻이기 때문이다. 그런 서로 간의 양해 덕분에 대화 분위기는 자연히 좋아진다. 인터뷰이가 말문을 쉽게 열고 좋은 대답을 할 가능성이 높아지는 것이다.

유재석처럼 질문하려면 하나만 기억하면 된다. 질문은 침범이다. 상대의 세계에 발을 들여놓는 것이다. 질문자는 옆집 마당에 들어가거나 남의 아파트 현관문을 두드리는 사람이다. 따라서 정중하고 조심스럽게 질문을 던져야 한다. 질문의 패턴은 '~이지만 ~입니까?'를 유지하면 된다. 변형도 얼마든지 가능하다. '혹시 ~이면 어떨까요?' '~를 질문해도 될까요?' '괜찮다면 말해줄래요?'가 있다.

연습 문제를 풀어보자. 부하 직원이나 동료 혹은 자녀의 문제점을 지적할 때는 어떻게 말해야 할까?

(1) 너는 요즘 너무 불성실해. 도대체 왜 그런 거야?
(2) 내 생각이 틀릴 수도 있지만, 너 요즘 기운이 없는 것 같아. 네 생각은 어때?

(2)번이 내실 있는 답변을 얻을 게 분명하다. (1)은 싸움을 일으키거나 반감을 낳을 것이다. 질문자는 침범하는 사람이니 예의 바르게 쭈뼛거리면서 질문해야 한다.

☺ 반쯤 열린 질문을 한다

커뮤니케이션 이론가들은 열린 질문을 해야 한다고 강조한다. 상대방이 아무 의견이나 자유롭게 펼 수 있는 질문이 열린 질문이다. "어떤 삶이 이상적이라고 생각하나요?"가 열린 질문이다. "저희 회사 제품을 어떻게 평가하시나요?"라는 질문도 열려 있다. 커뮤니케이션 이론가들은 닫힌 질문을 경계한다. 닫힌 질문은 세 가지로 나뉜다.***

(1) 예스 노 질문: "영화 자주 보세요?" "운동을 싫어하나요?"
(2) 선택 질문: "피자 먹을래, 아니면 햄버거 먹을래?" "자전거 탈 거야, 아니면 산책할 거야?"
(3) 확인 질문: "어디서 태어났나요?" "어제는 뭐 먹었니?"

대답의 폭을 줄이는 질문들이다. 뻔한 대답이 돌아온다. 상대의 마음이나 생각을 알 수도 없다. 이런 닫힌 질문은 최소화하는 게 좋다고 커뮤니케이션 이론가들은 말한다. 이론적으로는 맞다. 닫힌 질문 말고 열린 질문을 해야 한다. 하지만 열린 질문에도 문제가 있다. 막연해서 대답하기 힘든 질문이 그렇다. "행복한 삶은 어떤 건가요?" 같은 질문은 답하기가 어렵다. 저런 무책임한 질문에 짜증이 난대도 전혀 이상하지 않다. "연인관계에서 가장 중요한 것이 뭐라고 생각하세요?" 도 몹시 피곤한 질문이다. "파란 하늘을 보면 어떤 생각이 떠올라요?"

라는 질문을 받으면 감수성 테스트라도 받는 것처럼 부담스럽다. 모두 활짝 열려 있어서 감당하기 힘든 질문이다. 질문은 꽉 닫혀 있어도 안되고 활짝 열려 있어도 좋지 않다. 가장 이상적인 것은 반쯤 열린 질문이다. 너무 넓지도 너무 좁지도 않아야 한다.

위에서 소개한 유재석의 질문이 바로 반쯤 열린 질문이다. 그는 "작년 하고 올해를 비교해봤을 때는 (풍경이) 어떻습니까?"라고 질문했다. 전체적인 인상이나 감상을 요구했다면 막연해서 상대가 답하기 어려웠을 것이다. 또는 너무 뻔한 답이 나올 가능성도 높다. "아주 좋았어요." 또는 "아름다워요"라는 답이 돌아올 수 있는 것이다. 그래서 유재석은 반은 열고 반은 닫힌 질문을 던졌다. 작년과 올해의 풍경을 비교해달라고 구체적으로 요구한 것이다. 또한 책을 읽는 사람에게는 "다 읽으시지 않았지만 와닿았던 내용이 있습니까?"라고 물었다. 책이 "감동적인가요?"라거나 "재미있나요?"라고 묻지 않았다. 좀 더 구체적으로 물었다. 어느 대목이 좋았는지 구체적으로 폭을 좁혀서 물었다. 상대방이 답하기 좋으면서도 "너무 재미있어요"와 같은 상투적인 답이 돌아올 확률이 낮아진다.

빌 게이츠Bill Gates도 유재석처럼 질문한다. 그가 작가 타라 웨스트오버Tara Westover와 인터뷰를 했다.**** 타라 웨스트오버는 베스트셀러《배움의 발견Educated》의 저자인데 그녀는 어린 시절 아버지의 종교적 신념 때문에 정식 교육을 받지 못했고 오지에서 고립된 생활을 해야 했다. 하지만 그녀는 자신의 삶을 선택한다. 배우기로 결심하고 대학에 진학하여 결국 케임브리지대학에서 박사 학위를 받는다. 이 입지전적인 인물과 빌 게이츠가 나눈 대화의 일부를 번역하면 이렇다.

빌 게이츠　　당신은 정식 교육을 거의 받지 못했는데 브리검영대학에 입학했어요. 그러니까 대수학도 공부한 겁니다. 어떻게 그게 가능했죠?

타라 웨스트오버　나는 교육이 뭔지도 몰랐어요. 교실에 발을 들인 적도 없죠. 하지만 나는 노래 부르기를 아주 좋아했어요. 나는 대학에 가서 노래 부르는 방법을 배울 생각에 사로잡혔어요. 대수학은 그걸 위해 해야 하는 일 중 하나였어요.

빌 게이츠는 활짝 열린 질문을 하지 않았다. "어떻게 공부했나요?"라고 묻지 않은 것이다. 또 "어떤 마음으로 힘든 공부를 이겨냈나요?"라고도 묻지 않았다. 그런 질문들은 대답의 폭이 너무 넓다. 빌 게이츠는 폭을 조금 좁혀 대수학 하나에 집중해서 질문했다. 구체적이고 흥미진진한 답이 나올 가능성이 높아졌다.

우리도 반 정도만 열린 질문을 해야 한다. 앞서 이야기한 활짝 열린 질문을 교정해보자.

활짝 열린 질문	절반만 열린 질문
행복한 삶은 어떤 건가요?	무엇을 하면 행복해지나요?
연인관계에서 가장 중요한 것이 뭐라고 생각하세요?	사랑하는 사람이 어떻게 할 때 가장 기뻤나요?
파란 하늘을 보면 어떤 생각이 떠올라요?	날씨가 좋으면 뭘 하고 싶나요?

절반만 열린 질문이 답하기 쉽다. 질문에 답해야 대화가 이어지고 서로의 마음을 알게 된다. 활짝 열린 질문은 대답을 방해해서 대화의 길을 막아버린다. 질문은 상대의 마음을 향한 노크다. 상대의 마음이 열려야 질문은 의미를 갖는다. 다정하게, 그리고 현명하게 묻는 사람이 상대의 마음속으로 들어갈 수 있다.

내 말이 존중받지
못해서 고민이라면

사람들을 매료시키는
말솜씨

누구나 임팩트 강한 말을 하고 싶다. 말 몇 마디로 감동을 주고 웃음을 터뜨리며 설득할 수 있다면 얼마나 좋을까? 그런 소망을 이루어줄 기술이 있다. 효과가 완벽하다면 과장일 테지만, 그렇다고 효과가 없는 건 아니다. 게다가 작은 기술이다. 투입 대비 산출이 높다는 뜻이다. 그렇게 효율성이 높은 말기술 세 가지를 소개하려고 한다. 말솜씨가 뛰어난 TV 스타들이 연구하고 연습한 후에 성공적으로 활용하는 기술들이다. 첫 번째 시각화, 두 번째 완서법, 세 번째 낯선 단어 쓰기다.

◉ 눈앞에 보이듯 생생하게

먼저 시각화 기법이다. 상대의 머릿속에서 그림이 그려지도록 묘사하는 게 시각화 기법이다. 〈2020 MBC 방송연예대상〉에서 수상 소감을 밝히던 유재석은 스피커를 선물해준 비에게 감사를 표했다.

(1) 비가 선물해준 스피커로 온 가족이 모두 즐겁게 지내고 있습니다.
(2) 비가 선물해준 스피커로 온 가족이 춤추고 정말 재미있게 놀고 있습니다.

유재석은 (2)라고 말했다. "춤추고 정말 재미있게 놀고" 있다고 했다. 이 표현은 행복한 가족의 모습을 그려준다. 비의 머릿속에서도 자신이 사준 스피커 앞에서 아이와 부모가 음악을 들으며 춤추는 장면이 보였을 것이다. 유재석의 시각적인 묘사가 만족감을 두세 배로 키웠다.

시각화는 슬픔도 더 크게 만든다. 〈불타는 청춘〉에서 배우 김광규가 출연자들을 울렸다. 그가 자신에게 쓴 편지에 이런 대목이 있었기 때문이다.

"전세 사기당했을 때 뺨 많이 때려서 정말 미안(하다)."

저 한 줄의 문장이 사람들의 눈시울을 붉게 만들었다. 한 청년이 스스로를 바보라고 원망하면서 자기 뺨을 때리는 장면이 그려졌기 때문에 슬펐던 것이다. 만일 '전세 사기당했을 때 미워했던 거 후회한다'라고 했다면 강한 감정을 일으키지 못했을 것이다. '뺨 많이 때려서 정말 미안하다'라고 시각적으로 표현했기에 슬픔이 더 크고 깊어졌다. 상황을 이미지화하면 읽는 사람의 감정이 더 뜨거워진다.

시각화하여 말하면 애틋한 마음도 더 커진다. 〈유퀴즈온더블럭〉에 70대 여성이 출연했다. 40년도 넘은 까마득한 지난 시절에 아버지가 돌아가셨는데 사랑이 많은 분이었기 때문에 딸은 아직도 아버지를 잊지 못한다. 아버지가 직접 지은 80년 된 한옥을 가끔 찾는 이유도 아버지가 그리워서다. 딸은 그 집에 가면 아버지가 보이는 것 같다면서 이렇게 말했다.

"그 집을 두 번 세 번 돌아봐요. 그러면 아버지 모습이 보였다가 안보였다가 그래. 허상이…."

아버지 모습이 언뜻언뜻 보인다는 것이다. 집을 맴도는 딸을 따라서 걷는 아버지의 모습이 그려진다. 역시 시각적이어서 감동이 크다. 이렇게 문학성이 풍부한 회화적 표현을 TV에서 들을 수 있어서 좋았다.

시각적인 묘사는 큰 웃음도 만든다. 〈슈가맨〉에서는 유재석과 유희열이 티격태격하며 프로그램을 진행했다. 유희열이 멋있게 건반 악기를 연주하자 유재석이 말한다.

"건반 칠 때는 사람이 괜찮아 보이네. 늘 건반을 이렇게 메고 다니세요."

웃음이 터졌다. 건반을 메고 다니는 사람의 모습이 떠올랐기 때문이다. 이와 같은 표현은 얼마든지 있다. '많이 슬펐다.' 대신에 '뺨을 타고 눈물이 흘러내렸다'가 낫다. '아주 기뻐했다.' 말고 '웃으며 폴짝폴짝 뛰었다'라는 표현이 더 인상적이다. '오늘 헤어스타일이 예쁘다'라는 표현도 괜찮지만 '바람에 머리카락이 날리는 모습이 예쁘다'도 호소력이 있다. 사물이나 상황을 상대의 머릿속에 그려줘야 효과적인 말이 된다.

☺ 단순하고도 매력적인 완서법

시각화만큼 간편하고도 좋은 인상을 남기는 수사법이 리토테스litotes다. 주로 완서법이라고 번역되는데 '~이다.' 대신에 '~아닌 게 아니다'라고 말하는 표현법을 의미한다. 예를 들어서 '좋아한다.' 대신에 '싫지는 않다'라고 표현하거나 '배고프다.' 말고 '배부르지는 않다'라고 말하는 것이다.

완서법의 효과는 두 가지다. 먼저 현실과 화자 사이에 거리가 생긴다. 한 발 떨어지는 것이다. 가령 '네가 싫다'라고 하면 바로 코앞에서 소리치는 느낌이지만 '네가 좋지는 않다'고 표현하면 거리가 생긴다. 그 거리감은 완곡한 느낌을 낸다.

완서법은 강조의 방법도 된다. 다음 두 문장을 비교해보자.

(1) 이렇게 만들면 정말 맛있다.
(2) 이렇게 만들면 맛없을 수가 없다.

(2)가 훨씬 인상적인 표현이다. 듣는 사람이 맛있다고 확신하게 된다. 설득력도 높다. TV 스타도 완서법을 즐겨 쓴다. 〈런닝맨〉에서 유재석이 거짓말탐지기 테스트를 받고 있었다.

하하 본인이 굉장히 MC를 잘 본다고 생각하시죠?
유재석 아…. 잘 보려고 노력하죠.
하하 '네, 아니요'로 답하세요.
유재석 '아니다'라고는 못하겠습니다.

〈해피투게더〉에서 배우 강하늘도 비슷하게 말했다. 함께 일하던 영화 스태프가 카페에서 노트북 작업을 하는 걸 본 강하늘이 물었다. "왜 집에 가지 않고 여기서 일하나요?" 스태프는 "집에 에어컨이 없어서요"라고 답했다. 며칠 후 그 스태프의 집에 에어컨이 배송되었다.

유재석 (스태프에게 에어컨을 사줬다는 소문이) 진짜인가요? '예스나 노'로 대답해주세요.

강하늘 노는 아닌데….

〈런닝맨〉에서 사람들이 헤어스타일을 칭찬하자 이광수는 "기분이 나쁘지는 않네요"라고 반응했다. 〈식스센스〉에서 유재석은 "치킨 맛으로 보면 저기는 가짜일 수가 없어"라고 했고 〈온앤오프〉에서 성시경은 한 커플의 달콤한 장면을 지켜보다가 "뽀뽀를 안 할 수 없는 거예요"라고 말했다. 〈문명특급〉에 출연한 배우 유해진은 "그런 말이 나쁘진 않았죠"라고 말했다.

완서법은 조금 복잡하지만 크게 어렵지도 않다. 조금만 연습하면 익힐 수 있다. '~아닐 수 없다'라고 말하면 말에 여유가 생기고 강조도 할 수 있다. 두 문장을 비교해보자.

감동했어요.　　　　감동하지 않을 수 없어요.

너를 사랑해.　　　　너를 사랑하지 않을 수 없어.

이래서 존경합니다.　이래서 존경하지 않을 수가 없습니다.

'감동했어요'는 싱겁다. '무척 감동했어요'는 좀 낫지만 '감동하지 않을 수 없어요'가 더 기분 좋은 말이다. '감동하지 않을 사람이 없어요'도 나쁘지 않다. '너를 사랑하지 않을 수 없어'가 '너를 사랑해'보다 더 깊은 느낌이다. '너를 사랑하지 않을 사람은 없어'라고 말해주면, 듣는 사람의 기쁨은 더욱 커진다.

완서법은 생존 아부의 능력도 높여준다. '이러니 제가 존경하지 않을 수 없습니다'가 '이래서 제가 존경합니다'보다 더 인상적이다. 존경할 수밖에 없는 매력을 가졌다고 강조하는 효과가 있는 것이다. 반대로 실망을 표현할 때도 똑같은 구조로 말하면 된다. '이러니까 내가 실망하지 않을 수가 없다'라고 말이다.

☺ 낯선 단어 사용하기

낯선 단어를 쓰는 것도 말하기의 작은 기술이다. 상황에 어울리지 않는 단어를 끌어오면 웃음을 주면서 돋보이는 말을 하게 된다. 〈해피투게더〉에서 유재석은 딸이 유재석을 닮았느냐는 질문을 받았다. 유재석이 답했다.

> **유재석** 조금 더 추이를 지켜보자.
> (사람들 모두 폭소)

사람들은 유재석의 말을 듣고 왜 웃었을까? '추이' 때문이다. '추이'라는 말은 진지한 기사나 시사 프로그램에서 많이 쓰는 단어다. 예능에서 쓰기에는 조금 어색하다. 그 어색함이 웃음을 주는 것이다. 근엄한 표정의 교장 선생님이 농담하는 것처럼 의외의 즐거움을 준다. '안구에 습기 찬다'는 표현이 주목받은 것도 같은 이치다. '안구'는 의학 용어의 느낌인데 그 개념을 코미디의 맥락으로 끌어오니까 재미있는 것이다.

일상생활에서도 이런 상황을 연출할 수 있다. 연인에게 '너는 미학적 가치가 높은 외모다'라고 칭찬해도 웃게 된다. 예술 작품을 평가하는 평론가의 언어가 연애에 적용되었기 때문이다.

예능 프로그램에 낯선 단어를 끌어다 쓰는 언어 능력자로는 김구라를 꼽을 수 있다. 〈라디오스타〉에서 가수 폴킴이 코로나 사태를 미리 예견했어도 소용이 없었을 거라는 주장을 폈다.

폴킴 과거로 돌아가서 우리가 코로나19를 미리 예측했더라도 뭐가 달라질 수 있었을까요?
김구라 아하, 그럼 염세주의자예요?
(사람들 모두 폭소)

왜 우스웠을까? '염세주의' 때문이다. 이 말은 예능 프로그램에 이질적인 개념이어서 오히려 신선하고 재미있다. 관습은 무미건조하다. 관습이 위반되어야 더 즐거운 일이 일어난다. 교양 넘치는 개념은 오락 프로그램 MC뿐 아니라 일반인에게도 도움을 준다. 무엇보다 나의 주장을 또렷하게 만들고 나를 돋보이게 할 수 있다. '염세주의'와 비슷한 계열의 개념을 알면 나와 타인과 세상을 평가할 때 유용한 도구가 된다.

> 염세주의 낙천주의 이상주의 주관주의
> 무신론자 유신론자 여권주의 출세주의
> 패배주의 권위주의 평등주의 허무주의
> 자유주의 속물주의 감상주의 원칙주의
> 온정주의 획일주의 엄숙주의 성과주의
> 쾌락주의 도덕주의 보수주의 근본주의

이런 단어와 그 의미만 알아도 쓰임새가 많다. 나의 정체성을 확인하고 타인을 묘사할 때 효과적으로 쓸 수 있는 수단이다. 또 사회적 평판도 높일 수 있다. 훨씬 지적이고 분석력 있는 사람으로 보인다. 예를 들어서 이렇게 말할 수 있다.

> "나는 이상주의자입니다. 당신은 현실주의를 신봉하는군요."
> "나는 원칙주의자입니다. 온정주의는 체질이 아닙니다."
> "너의 세계관은 뭐니? 허무주의에 빠진 것 같아."
> "나는 속물주의에 젖어 있다. 그래도 부끄럽지 않다."
> "종교 근본주의 못지않게 시장 근본주의도 문제가 있다."

군이 웃기지 못해도 상관없다. 교양 개념을 일상 대화에 끌어다 쓰면 말의 품격이 달라진다. 유재석은 매일 신문을 탐독하는 것으로 유명하다. 지적인 소양이 갖춰지지 않으면 매력적으로 말하지 못한다. 말에도 공부가 필요하다.

주목받는
기술이 있다

듣는 사람은 미꾸라지다. 붙들기 힘들다. 틈만 나면 대화에서 빠져나가 공상 속으로 달아나는 것이 청자의 공통점이다. 청자가 나에게 집중하도록 만들어야 대화 능력자가 된다. 딴 생각이나 지루함에 빠지지 않게 그들의 집중력을 관리해야 하는 것이다. 여기서는 세 가지에 대해서 이야기해보자. 반응 예상하기, 중심 테마 잡기, 궁금하게 만들기가 그것이다.

⊚ 마음을 거머쥐는 백종원의 기술

먼저 반응 예측 능력이다. 상대의 반응을 미리 예상해서 시나리오를 만든 후에 행동하는 것인데, 그래야 청자의 집중력이 유지된다. 반응 예측 능력은 요리 연구가 백종원의 장점이다. 〈백종원의 골목식당〉에서 돈가스 집을 방문해 치즈돈가스를 먹던 그가 갑자기 "잠깐 중지! 에이, 괜히 치즈돈가스 먹었다"라고 혼잣말을 했다. 식당 주인은 놀라고 긴장했다. 혹평을 받을까 봐 잔뜩 긴장한 모습이었다. 다른 MC와 시청자들도 긴장하기는 마찬가지였다. 모든 시선이 자연히 백종원에게 집중된다. 그런데 백종원은 반전 반응을 보였다. 메뉴를 바꿔 등심돈가스를 먹다가 "사장님, 인정!"이라고 외친 것이다. 그는 등심돈가스를 진심으로 호평했다. 그러면 "괜히 치즈돈가스 먹었다"라고 말한 이유는 뭘까? 백종원은 명성이 자자한 등심돈가스를 먼저 먹지 않고 치즈돈가스부터 먹어서 후회했던 것뿐이다.

백종원은 무의식중에 자신의 말과 행동이 어떤 반응을 일으킬지 예상해보았을 것이다. 그리고 그의 계산은 정확히 맞아떨어졌다. "괜히 치즈돈가스 먹었다"고 말하자 모든 사람이 긴장하며 자신에게 집중했고, "사장님, 인정!"이라고 외치자 모두 긴장을 풀고 기뻐했다. 굳어 있던 가게 주인은 그제야 긴장을 풀고 환하게 웃으며 기뻐했다. 모두가 백종원의 설계대로 반응한 것이다. 그 순간 백종원은 꼼꼼히 연기를 지도한 현장의 연출자였다.

백종원은 웃음으로도 사람 마음을 쥐락펴락한다. 음식을 먹다가 피식 웃는 모습을 가끔 보이는데, 그때도 가게 주인과 출연진은 긴장 상태로 그에게 집중한다. 그런 반응을 백종원이 예상 못했을 리 없다.

백종원처럼 반응 예측 능력을 발휘하면 모두의 주목을 이끌어낼 수 있다. 어떻게 하면 될까? 커뮤니케이션 이론에서 인정받는 두 가지 훈련을 하면 효과적이다.

먼저 실전 연습이 좋다. 아무 생각 없이 말을 던지지 말고 상대의 반응을 미리 예측한 후에 말을 하는 것이다. 가령 회의를 하루 미루자고 말하기 전에 미리 상대의 반응을 예상해본다거나, 데이트 코스를 제안하기에 앞서 연인의 반응이 어떨지 추측해보는 것이다. 몇 개월 연습만 해도 대화 상대자의 반응을 예측하는 실력은 향상된다. 타인의 반응을 고려하지 않고 말부터 던지는 사람은 발전이 없다.

상대의 반응 패턴을 분석하는 것도 필요하다. 반응 방식은 사람마다 제각각이다. 어떤 사람은 경고에 민감하게 반응하고 어떤 이는 칭찬하면 기뻐하며 집중한다. 또 가십에 정신을 쏟는 사람도 있다. 상대의 반응 패턴을 기억하자. 패턴을 알면 상대가 나에게 집중하도록 유도할 방법을 쉽게 찾을 수 있다. 그런데 성향을 알 수 없는 낯선 사람과 대화해야 할 때도 있는데, 그 경우에도 상대의 반응을 통제하는 게 가능하다. 긴장감을 일으키는 첫머리로 이야기를 시작하는 것이다.

"절대 잊지 말아야 할 것은….”
"내가 10년 동안 경험해보니까 가장 중요한 것은….”
"제일 조심해야 하는 것은 무엇이냐면….”
"아주 재미있는 사실은….”

긴장과 흥미를 유발하는 도입부가 집중도를 높인다. 청자의 반응은 말 첫머리로 좌우할 수 있다. 이 쉬운 기술을 사람들은 너무 자주 잊어버린다.

☺ 주제가 없으면 재미가 없다

상대방의 집중력을 끌어내는 두 번째 방법은 중심 테마 설정 능력을 기르는 것이다. 중심 테마를 명확히 만들어야 이야기가 재미있고 청자의 집중력이 유지된다. 영화나 소설이나 짧은 말이나 다 같다. 테마가 없어서 재미를 잃어버린 글을 읽어보자.

> 얼마 전 친구들을 만났습니다. 소위 일류대학을 졸업한 친구 A는 대기업에 입사했지만 1년 전에 사직한 뒤 웹툰을 그리고 있습니다. 친구 B는 가구 수출 업체를 운영하면서 열심히 살고 있습니다. 또 친구 C는 서른 살이 다 되어서 대입 시험을 준비하고 있어요. 모두 다양하게 살고 있더군요.

> 흥미가 생기지 않고 집중도 되지 않는다. 듣는 사람 입장에서는 A와 B와 C의 이야기를 왜 들어야 하는지 납득하기 어렵다. 중심 테마, 즉 주제가 없기 때문이다. 이번에는 중심 테마가 뚜렷한 글을 읽어보자.

인생은 예측 불가입니다. 얼마 전 친구들을 만나고 나서 깨달은 사실입니다. 고등학교 시절 공부벌레였던 친구는 일류대학에 진학해 대기업에 취업까지 했는데, 지금은 웹툰을 그리고 있습니다. 돈벌이보다는 재미가 중요하다고 말하더군요. 반면 공부를 끔찍이 싫어했던 친구는 늦은 나이에 대입 시험을 준비하기 시작했어요. 공부가 갑자기 좋아졌다고 하더군요. 그리고 몸이 허약하고 공부도 그럭저럭했던 친구는 열정적인 사업가가 되었습니다. 다들 고등학교 때는 상상하지 못했던 인생의 길을 가고 있더군요. 삶은 예측이 불가능하다는 걸 눈으로 확인했습니다. 신기하고 놀랍습니다.

인생행로는 예측할 수 없다는 주제가 분명한 글이다. 친구 세 명의 이야기는 예시에 해당한다. 테마와 세 개의 예시가 유기적으로 연결되어 있으니 이해하기 쉽고 흥미롭다.

이처럼 명확한 주제를 설정하고 이야기를 해야 한다. 말하는 동안 머릿속에 이야기의 주제가 단단히 꽂혀 있어야 하는 것이다. 달리 말해서 자문이 필요하다. '내가 지금 무슨 이야기를 하고 있지?'라고 계속해서 자문해야 하는 것이다. 그래야 청자의 집중력도 높아진다.

테마 설정이 어렵다면 개념 하나만 잘 잡아도 말은 흥미로워진다. 개념이 말을 살린다. 아래 두 예문을 비교해보자.

(1) 넌 지난번에 내 SNS 댓글까지 다 뒤졌어. 친구들하고의 약속도 간섭했고, 휴대폰 비밀번호를 알려달라고 한 적도 있었지. 넌 사랑이라고 말하지만 나는 정말 많이 피곤해.

(2) 네가 나를 사랑하는 건 알아. 하지만 나를 통제하려는 건 옳지 않아.

(1)은 산만하다. 무슨 말을 하려는지 불분명하다. 그와 달리 (2)는 임팩트가 강하다. '통제'라는 확실한 개념이 있기 때문이다. 키워드 역할을 하는 개념이 말뜻을 선명하게 드러내고, 따라서 듣는 사람은 개념을 중심으로 말하는 사람에게 집중한다.

개념을 어떻게 활용하느냐에 따라 말의 힘이 달라진다. 개념을 많이 알아야겠지만 그렇다고 어려운 개념이 필요한 것은 아니다. 예를 들어서 가치, 효용, 선의, 악의, 위선, 위악, 겸손, 오만, 차별, 차이 등은 흔히 쓰이는 개념이다. 그렇게 익숙한 개념을 말의 키워드로 활용하는 연습만 하더라도 말이 단단해지고 누구나 주목하는 달변가가 될 수 있다. 물론 단어만 외워서는 효과가 없다. 책을 읽거나 다른 매체를 통해 개념뿐 아니라 개념 활용 방법을 배우려고 노력해야 한다.

◎ 양세형의 트릭, 궁금하면 몰입한다

듣는 사람을 집중하게 만드는 세 번째 방법은 궁금하게 만들기다. 궁금한 사람은 몰입하고, 기꺼이 통제에 따른다.

개그맨 양세형의 궁금증 유발 기술은 유쾌하다. 〈집사부일체〉의 출연진이 차로 이동하고 있었다. 그런데 뒷좌석에 앉은 이승기가 세상에서 가장 재미없는 이야기를 하고 있었다. 바로 군대 이야기였다. 말려야 했지만 쉽지 않아서 모두 방치하고 있는데, 운전석에 앉아 있던 양세형이 나섰다.

> (이승기, 행복한 표정으로 군대 이야기를 하고 있다.)
> **양세형** (갑자기 앞을 가리키며) 승기야, 저기 신호등 있지?
> **이승기** 예.
> **양세형** 저기 지나면 이제 군대 이야기 그만할까?
> (사람들 모두 폭소)

갑자기 신호등 이야기를 꺼내니까 이승기는 무슨 일인가 싶었을 것이다. 그러면 당연히 양세형의 말에 집중하게 된다. 그런데 양세형의 말머리는 트릭이었다. 다른 이야기로 이승기를 집중시킨 후 진짜 하고 싶었던 이야기를 한 것이다. 어느 누구도 기분 나쁘지 않고 유쾌하게 상황을 정리했다.

상대를 궁금하게 만들면 집중시킬 수 있고, 그러면 집중한 상대에게 내 뜻을 관철시키기란 어렵지 않다. 약장수는 "자, 여기를 보세요. 이게 무엇이냐 하면~"이라고 말을 시작한다. 그 말에 몰입한 사람은 약을 사기 쉽다.

〈유퀴즈온더블럭〉에서 유재석도 비슷한 방법으로 조세호를 집중시켰다. 조세호가 골뱅이 소면을 먹으면서 음식을 평가하려고 하는 장면에서다.

조세호 (이 음식) 진짜 약간 뭐라고 해야 되나? 간장 베이스라고 해야 되나….

유재석 (손으로 앞쪽을 가리키며) 잠깐, 지금 연락 왔어요.

(조세호, 어리둥절하고 궁금한 표정이다.)

유재석 설명하지 말라고. 그 따위로 설명할 거면 하지 말라고.

(사람들 모두 폭소)

"잠깐, 지금 연락 왔어요"가 진행의 흐름을 끊었다. 상대는 말을 멈출 수밖에 없고 무슨 일인지 궁금해진다. 그렇게 집중한 순간에 유재석은 하고 싶었던 이야기를 했고, 조세호는 음식 평가를 멈출 수밖에 없었다.

상대에게 겁을 줘서 궁금하게 만드는 방법도 있다. 〈유퀴즈온더블럭〉에 공유가 출연했을 때였다. 유재석이 진지하고 심각한 표정으로 공유에게 말했다.

"측근들에게 들었는데 이건 조금 갑작스러운 얘기일 수 있어요."

유재석은 '갑작스러운 얘기'라는 표현을 썼다. 상대는 자연히 겁이 난다. 감정이 흔들리고 무슨 이야기인지 알고 싶을 것이다. 집중력은 급속히 올라간다. 사실 그 갑작스러운 이야기는 별 게 아니었다. 공유가 잘 삐친다는 소문이 있다는 내용이었다.

궁금증을 일으키기 위해서는 질문을 던져도 효과적이다. 〈라디오스타〉에 출연한 의학박사 오은영이 공부 이야기가 나오면 꼭 하는 질문이 있다면서 말문을 열었다.

(1) 고등학교 2학년 2학기 중간고사 수학 시험 점수를 기억하나요?
(2) 중고등학교 시절 시험공부를 하려고 눈을 비비고 허벅지를 때리면서 잠을 참은 경험이 있나요?

(1)번 질문에는 아무도 답하지 못한다. 반면 (2)번 질문에는 모든 출연진이 그런 경험이 있다고 목소리 높여 대답했다. 그러자 오은영은 말했다. 누구나 '나도 열심히 해봤다'는 기억의 힘으로 살아가는 것이니까, 아이들의 노력도 인정해주라는 것이었다. 오은영의 돌발 질문에 집중했던 출연진들이 공감과 감탄을 표현했다.

독특한 이야기를 해도 궁금증을 유발하고 집중을 유도한다. 이효리는 〈라디오스타〉에 출연해서 결혼할 때 남편이 아니라 자신이 바람을 피울까 봐 걱정했다고 말했다. MC와 시청자 모두 그녀만의 이야기에 집중하면서 매우 큰 반응을 보였다. 특별한 이야기의 힘이다.

이효리처럼 자신만의 화법으로 이야기하려면 어떻게 해야 할까? 클리셰Cliché를 피해야 한다. 클리셰는 너무 많이 써서 지루해진 표현이다. 상투적 표현이 클리셰다. 클리셰를 피해야 자신만의 이야기를 하는 독창적인 사람이 된다. 클리셰의 예문을 보자.

사랑한다면 모든 걸 받아주고 용서하세요.
최선을 다했으니 결과는 아무래도 좋아요.
서로 이해하고 양보해야 좋은 세상이 됩니다.
자신을 사랑해야 남도 사랑할 수 있어요.

너무 많이 듣는 소리여서 신선하지 않다. 구태의연하고 지루하기 짝이 없다. 클리셰를 넘어서야 궁금하고 주목받는 발언을 할 수 있다. 클리셰와 싸워야 한다. 이렇게 말하면 어떨까?

완전한 사랑은 없다. 70퍼센트 사랑하고 30퍼센트 미워하라.
노력을 다했으니 결과도 좋았으면 좋겠다.
무조건 양보만 하지 말고 논쟁하고 타협도 해야 좋은 세상이다.
내가 자신을 사랑할 때까지 기다리면 평생 연애할 수 없다.

상투성에서 벗어나 생각하고 말하는 연습을 계속해야 한다. 그

러다 보면 머지않아 언제나 이야기를 듣고 싶은 사람, 매력적인 사람
이 될 것이다.

　　말은 요리다. 만들어 놓은 음식을 상대가 먹어야 보람이 있다. 아
무도 듣지 않는 말은 버려진 고급 요리처럼 슬프다. 이왕 이야기하는
거라면 나의 말이 최상의 효과를 낼 수 있도록, 내가 누구보다도 매력
적인 사람이 될 수 있도록 유도해야 한다. 말은 나를 돋보이게도, 나를
밉보이게도 하는 양날의 검이다.

자신을 돌아보면
매력적인 말을 하게 된다

〈놀면 뭐하니?〉의 한 장면이다. 가수 비가 운전을 맡았고 옆자리에 유재석이, 뒷좌석에는 이효리가 앉았다. 비가 장난스레 유재석에게 말을 붙였는데 그때 유재석의 반응이 의외였다.

비   이 안전한 주행, 마음에 드시죠?

유재석 제발 당연한 거 갖고 얘기 좀 하지 마.

비   예, 알겠습니다.

(유재석, 싫은 소리를 한 게 후회되는 듯 어색한 미소)

비   옛날에는 형이 다정다감했는데 요즘 가끔씩 형한테서 효리 누나가 보여요.

유재석 (과장되게 웃으며) 하하하, 미안하다. 이게 어쩔 수 없이 나도 예능을 하다 보니까 재미있는 걸 따라가게 돼 있잖아.

이효리 나도 그래. 나도 그게 뭔지 알아.

유재석은 미안하다고 사과했다. 뭐가 미안했을까? 비에게 핀잔을 주고 그를 구박한 것을 후회한 것이다. 그런데 유재석은 '나도 어쩔 수 없이 재미있는 걸 따라'가게 된다고 말했다. 남을 공격해서 웃음을 유발하는 코미디의 흐름에 자신이 휩쓸리는 걸 자각했다는 의미다. 그렇게 자책하고 있었는데 비가 그런 지적을 하자 뜨끔해하면서 얼른 사과한 것이다.

이효리도 후회하고 반성하는 심정을 TV에서 고백한 적이 있다. 〈라디오스타〉에서 그는 과거 남자 친구들에게 미안한 마음을 갖고 지낸다고 밝혔다. 자신을 너그럽게 받아주고 보살펴준 남자들에게 상처를 준 것 같다는 이야기였다. 가장 미안했던 것은 이별 후 새로운 사랑으로 너무 빨리 옮겨간 것이라고 했다. 이효리는 '(연애) 공백기가 너무 외로웠고 힘들었기 때문'이라고 해명했다.

유재석이나 이효리처럼 자신을 돌아보고 평가하는 것을 성찰적 사고라고 한다. 성찰적 사고는 인간의 여러 가지 사고 능력 중에서도 고차원적인 것이다. 단순 암기도 생각의 일종이다. 말이나 글을 이해하는 사고력도 생각이다. 또 지식을 현실에 적용해보는 것도 생각이 하는 일이다. 그런 암기, 이해, 적용보다 더 수준 높은 생각이 있다. 창의적 사고도 그렇지만 성찰적 사고 역시 수준 높은 사유다. 나의 생각, 언어, 행위, 상황 등을 관찰하고 평가하는 게 성찰적 사고인데, 바깥세상이 아니라 나의 내부를 살피는 것이다. 가령 아래와 같은 질문을 던진다면 그 사람은 성찰적 사고를 하고 있는 셈이다.

내가 지금 뭘 하고 있지?
내가 이렇게 말하고 생각하는 이유는 뭘까?
나의 생각이 옳은가?

유재석도 예능 프로그램에서 웃음을 유발하기 위해 타인을 놀리고 핀잔 주는 자신을 성찰했기에 미안하다고 사과했을 것이다. 그는 아마 '나는 요즘 어떤 방법으로 대중을 웃기고 있을까?' '공격적인 코미디를 하게 된 이유는 뭘까?' '나의 코미디 전략은 바람직한 것일까?' 같은 생각을 해본 적이 있을 것이다. 이효리도 의식이나 잠재의식 수준에서 분명히 과거를 아프게 돌아봤다. '내가 옛 남자 친구들에게 상처를 줬을까?' '그렇다면 나는 왜 상처를 줬던 것일까?' 하고 말이다.

자기 성찰을 하는 동안 우리는 고독하다. 홀로 있어야 성찰이 가능하다. 성찰은 또한 진실되다. 가면을 벗기고 자기 얼굴을 직시하는 게 성찰이기 때문이다. 성찰은 인간이 가진 귀한 능력이지만 그렇다고 모든 사람이 자신을 성찰하는 것은 아니다. 이기적이거나 두려움이 많은 사람은 차마 자신을 돌아보지 못한다. 사회적 환경도 성찰을 방해한다. 우리는 과속 시대를 살아간다. 정신없이 달리느라 나 자신을 돌아볼 겨를이 없다. 내가 어떤 길을 지나쳐 왔는지, 사랑하는 누군가를 절망하게 만들지는 않았는지, 내가 어떤 기쁨과 슬픔을 느꼈는지 살피지 못하고 경주마처럼 질주할 뿐이다. 브레이크가 필요하다. 하루에 10분이라도 멈춰 서서 자신을 성찰하면 삶이 달라진다.

성찰을 하면 더 나은 내가 되는 계기가 생긴다. 유재석 또한 자신의 코미디를 성찰한 후 더 젠틀한 코미디를 모색했을 것이다. 그렇다면 유재석은 이미 성장한 셈이다. 옛 연인을 위로하고 싶었던 이효리도 마찬가지다. 경험 속에서 성장의 재료를 찾아내는 성찰적 사고를 한 그녀는 분명 예전과는 달라졌을 것이다.

성찰적 사고는 자기 안의 비밀에 다가가도록 만든다. 〈말하는 대로〉에서 개그맨 장도연은 착한 아이 콤플렉스에 빠져 있었다고 고백했다. 싫어도 '괜찮다'고 말하는 버릇이 있었다고 한다. 주변에서는 그녀를 착하다고 평가했고 장도연도 그게 좋았다. 그런데 궁금증도 있었다. 착한 아이 콤플렉스를 갖게 된 이유를 줄곧 알고 싶었던 것이다. 알고 보니 어머니의 영향이 컸다. 그녀의 어머니는 "우리 딸은 착한 딸이니까"라는 말을 자주 했다고 한다. "너 같은 착한 사람은 없어"라는 칭찬도 잦았다. 그런 어머니의 영향을 받아 착한 아이 강박에 빠졌던 것이다. 자신의 모습을 돌아보고 어머니를 관찰한 끝에 장도연은 자신의 비밀을 알아냈고, 자신과 더 친밀해졌다. 비밀을 털어놓은 친구와 더 가까워지는 것처럼 말이다.

◉ 지코와 신민아가 깨달은 것

성찰적 사고는 불안도 줄인다. 사실 나이가 든다는 건 불안한 일이다. 특히 30대에 접어든 사람들은 더 큰 불안을 느낀다. 배우 신민아도 그랬고, 그 고민의 시간에서 마침내 깨달은 것을 〈유퀴즈온더블럭〉에서 밝혔다.

> "십대 이십대에는…. 길이 멀다 보니까 오히려 조급한데, 삼십대에는 버려야 할 것과 갖고 갈 것이 조금은 좁혀지는 것 같아요…. (욕심을) 놓으니 마음에 여유가 생기고 감사하고."

나이가 드는 건 분명 불안한 일이지만, 자기 속에서 일어나는 변화를 관찰하다 보면 나이듦을 오히려 긍정하게 된다. 마음에 여유가 생기고 감사함을 알게 되었다면 삼십대의 삶도 아름답다. 신민아는 성찰을 통해 불안에서 벗어나 평화로워졌다.

성찰적 사고는 자부심도 갖게 한다. 가수 지코가 좋은 예다. 〈대화의 희열〉에서 MC가 그에게 물었다. 완벽주의 성향을 갖고 있는데, 매번 더 높은 목표를 달성하려고 애를 쓰면 힘들지 않냐고 말이다. 지코는 이렇게 답했다.

> "운동이랑 비슷한 것 같아요. 웨이트 운동할 때 정말 힘들 때 '마

지막 한 번 더.' 트레이너 분께서 그렇게 해주잖아요? 한 번 더
하면 두 번 더…. 그 찰나에 버텨내면 그다음에 근육이 생겨나는
데 저도 비슷한 맥락이라고 생각했었던 것 같아요. 이거 좀 귀찮
고 번거롭더라도 이 단계만 거쳐가면 지금 내 레벨업된 상태가
나의 기본값이 될 거다라는 확신이 있어서, 번거로움이 저에게
주는 이점을 되게 지혜롭게 사용했던 것 같아요."

표현력도 뛰어나고 깨달음의 내용도 좋다. 자기 성장에 대한 확
신에 따라 인내하고 노력했다고 당당히 말한 지코는 자신을 돌아보고
는 확고한 자부심을 얻었다. 자기 성찰이 자기 긍정을 확고하게 만들
어준 것이다.

자기 성찰은 자신을 더 강한 존재로 만든다. 유튜브 〈아이유의
집콕시그널〉에서 아이유는 대중에게 사랑받을 때와 미움받을 때의 심
정에 대해 말했다.

"사랑만 받을 때 마음이 되게 물러져요. 그리고 겁나요. 함정 아
닐까? 그런데 미움이라는 감정이 선명하게 느껴질 때 내가 팽팽
해지는 게 느껴져요. 마음에 딱 탄력이 생기면서…."

미움받는 걸 즐기는 사람은 없을 것이다. 누구나 싫고 두렵다. 그
런데 아이유는 자신의 내면을 들여다보고 나서 알게 되었다. 미움을

받으면 자신이 더 단단해진다는 것을 말이다. 미움받기의 유익함을 깨달은 아이유는 앞으로 비난 앞에서도 덜 흔들릴 것이다. 성찰을 통해 강한 사람이 되었으니 말이다.

☺ 성찰적 사고의 4단계

그렇다면 어떻게 해야 자기 성찰을 이룰 수 있을까? 엄청난 비법이 있는 건 아니다. 일기를 써본 사람들은 알고 있듯이 성찰은 어렵지 않다. 하루 10분이라도 홀로 고요히 자신을 돌아보면 그것이 곧 성찰의 시작이다. 실행에 앞서 성찰의 방법론을 알면 더욱 좋다. 미국의 교육이론가 데이비드 콜브David Kolb 박사가 제시한 성찰의 4단계 모델을 살펴보자.

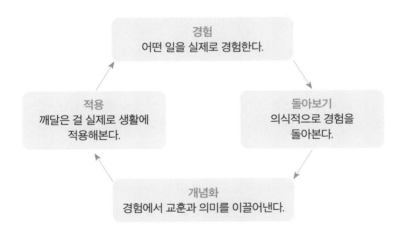

경험
어떤 일을 실제로 경험한다.

돌아보기
의식적으로 경험을 돌아본다.

개념화
경험에서 교훈과 의미를 이끌어낸다.

적용
깨달은 걸 실제로 생활에 적용해본다.

어렵지 않은 이야기다. 어떤 일을 실제로 경험하는 것이 1단계다. 2단계에서는 그 경험을 곰곰이 되짚어본다. 3단계에서는 교훈이나 의미를 깨닫고 4단계에서는 깨달은 것을 실제로 적용한다. 예를 들어서 쓰라린 사랑의 실패를 경험한 사람이 있다고 하자(1단계). 그는 사랑했던 시절을 진지하게 돌아볼 테고(2단계), 그러다 결론을 얻을 것이다(3단계). 가령 자신이 지나치게 헌신적으로 상대를 사랑했다는 평가를 내린다. 그러고 나면 그는 이제 새로운 사랑을 할 때 평등하고 독립적인 사랑을 지향하게 될 것이다(4단계). 이렇게 사랑에서 실패해본 경험에 대한 성찰의 한 사이클이 끝을 맺는다.

◉ 아들을 혼낸 유재석의 성찰

유재석은 한 시상식장에서 아들을 야단칠 때가 가끔 있는데 '어린 나 자신을 혼내는 것' 같은 기분이라고 말했다. 그도 4단계를 거쳐 자신을 성찰했을 것이다.

유재석은 아이를 혼낸다(1단계). 그러고는 아이를 호되게 훈육한 상황에 대해 생각한다(2단계). 그는 자신도 어렸을 때 혼이 난 걸 떠올렸을 테고, 어린 자신이 야단맞을 때마다 슬프고 아팠음을 기억해낼 것이다. 그 결과 아이를 관대하게 대하고 이해해주어야 한다는 결론을 내렸을지 모른다(3단계). 그리고 이제 아버지 유재석은 관대함과 이해심을 실제 육아에 적용하게 될 것이다(4단계). 육아에 대한 성찰의 사이클이 한 바퀴를 돌았다. 이 성찰의 사이클을 통해 유재석은 더 좋은 아버지가 될 수 있을 것이다.

우리도 경험, 돌아보기, 개념화, 적용의 단계를 밟으면서 성찰하면 정신적으로 성장한다. 불안을 줄이고 자부심을 키우며 더 강한 존재로 성장할 수 있는 것이다. 사실 성찰적 사고는 자신과의 대화다. 자신에게 말을 건네야 성찰이 시작된다. 그렇다면 나에게 뭐라고 물어봐야 할까? 대부분의 사람들이 이미 알고 있다.

나는 오늘 무엇을 배웠을까?
나는 오늘 어떤 실수를 했고 어떤 성과를 거두었나?
나는 나의 목표를 향해 가고 있나?
나는 행복한가? 아니면 오늘 나 자신을 불행하게 만들었나?
어떤 환상이 나를 괴롭히고 있을까?

크게 어렵지 않으면서도 중요한 질문이다. 그리고 무엇보다 효과적이다. 이 질문을 자신에게 던지고 심호흡을 몇 번 하고 나면 금방 평화로워지고 현명해진다. 신기한 일이다. 이렇게 자기 성찰을 하고 나면 내 자신에게 이렇게 말해줄 수 있게 된다.

"미안해. 나도 모르게 그렇게 행동했어."
"외로워서 그랬어. 나를 이해해주자."

"나는 이제 나를 더 좋아하게 되었어."

"사랑만 구걸하지는 않을 거야. 나는 미움받은 덕에 더 강해졌어."

얼마나 오래 통증을 참아야 이런 말을 할 수 있을까? 성찰의 말은 뜨거운 마음의 맨 밑바닥에서 차오른다. 너무나 깊고 따뜻해서 잘 잊히지 않는다.

휩쓸리지 않고
대화의 주인이 되는 법

대화 속에만 갇혀 있으면 대화 능력이 낮은 사람이다. 대화 밖으로 자주 빠져나가서 대화를 관찰하고 평가해야 유능한 커뮤니케이터가 된다. 말하자면 '대화 평가하기'가 의사소통의 고급 기술이다.

〈유퀴즈온더블럭〉에 출연한 나영석 PD가 그런 기술을 선보인 적이 있다. 그는 유재석에게 곤란한 질문을 받았다. 연달아서 예능 프로그램을 성공시키고 있는데 비결이 뭐냐는 물음이었다. 나영석은 뭐라고 답했을까?

   (1) 저도 잘 모르겠어요.

   (2) 운이 좋았다고 생각합니다.

둘 다 아니다. 모두 흔해 빠진 대답이어서 재미가 없다. 시청자들도 유명 PD라면 그런 식상한 대답이 아닌 좀 더 참신한 대답을 기대할 것이다. 그렇다면 회피하지 말고 자신이 생각하는 비결을 솔직히 밝히면 어떨까? 이렇게 말하는 것이다.

(3) 저만의 흥행 비법이 있죠. 그게 뭐냐면….

그러나 (3)도 가능한 답이 아니다. 무엇보다 자기 자랑으로 비칠 수 있어서 문제다. 나영석은 절묘하게 답변했다.

"내가 대답할 수 있을 거라고 생각하고 묻는 거예요?"

나영석은 대답하는 대신 질문 자체가 문제라고 지적했다. 즉 대화에 갇혀 있지 않고 밖으로 빠져나와 대화를 비판적으로 평가한 것이다. 그의 대화 탈출은 농구 선수가 경기장 밖으로 나간 것과 같다. 타임을 부르고 심판의 운영 방식에 항의하는 농구 선수처럼, 나영석은 대화의 합리성에 문제가 있다고 MC에게 항변한 것이다.

나영석이 갑작스레 대화에서 탈출해 문제를 제기하자 난감해진 쪽은 유재석이었다. 유재석은 웃음을 크게 터뜨렸다. 재미있어서 웃은 게 아니라 자신이 무리한 질문을 했다는 사실을 깨닫고는 무안해서 웃은 것이다. 유재석은 더 이상 캐묻지 못하고 물러섰다.

ⓢ 함정에 빠지고 싶지 않다면

나영석은 대화 자체를 평가함으로써 질문의 덫에서 벗어날 수 있었다. '대화에 대해 평가하기'를 이론적 개념으로는 '메타 커뮤니케이션'이라고 한다. 접두사 메타meta는 '~에 대한'이라는 뜻이다. 예를 들어 '메타 인지'는 인지에 대한 인지, 즉 생각에 대한 생각이다. 내가 요즘 무슨 생각에 빠져 있는지 스스로 생각한다면 그게 메타 인지다. '메타 비평'은 비평에 대한 비평이다. 최근 영화 비평이 부실하다고 비평글을 썼다면 그게 메타 비평이다. 같은 이치로 '메타 커뮤니케이션'은 커뮤니케이션에 대한 커뮤니케이션이다. 말하자면 대화에 대해서 대화하는 것이다. 왠지 어려워 보이는 개념이지만 그렇지 않다. 대부분의 사람들이 메타 커뮤니케이션을 실행하면서 산다.

"그렇게 말하면 안 되죠."
"회의가 비효율적입니다."
"나에게도 말할 기회를 줘야 공평합니다."

실생활에서 많이 쓰는 말인데 모두 메타 커뮤니케이션이다. 대화의 주제는 제쳐놓고 대화의 규칙이나 방식에 대해 문제를 제기하고 있다. 일상에서 이런 발언은 생각보다 훨씬 중요한 역할을 한다. 무엇보다 나를 위기에서 구해준다. 나영석처럼 메타 커뮤니케이션 덕분에 덫에서 구출될 수 있다. 예를 들어 누군가 나를 게으르다고 비판하는 상황이다. 어떻게 대응해야 할까?

A 너는 너무 게을러.

B 나는 게으르지 않아. 네 생각이 틀렸어.

A 아니야. 너는 게을러.

A가 비난하자 B는 자신이 게으르지 않다고 강력히 반박했다. 그런데 문제가 있다. B는 A가 제시한 주제를 받아들인 셈이 되고 말았다. 이제부터 자신이 게으르지 않다고 증명해야 하는 처지가 되었다. A가 만든 대화의 틀에 갇힌 것이다. 아래 대화에서는 B의 대화법이 전혀 다르다.

A 너는 너무 게을러.

B 너 왜 그렇게 무례하게 말하니? 예의를 갖춰줘.

A 내가 그랬나?

A는 B에게 게으르다고 비난했지만 B는 말려들지 않았다. A의 주장을 걷어찼다. 대화 방식 자체가 잘못이라고, 즉 대화가 무례하다고 지적했다. 그 덕분에 B는 자유롭다. 자신이 게으르지 않다고 구차하게 해명할 필요도 없어졌다. B는 대화 자체가 온당한지 평가했다.

그런 메타 커뮤니케이션이 우리를 비난의 덫에서 구해낸다. 또 다른
예를 살펴보자.

> **아빠** 너는 아빠 말을 따라야 해. 그런데 왜 들은 척도 하지 않니?
>
> **아들** (1) 아녜요. 저는 잘 듣고 있어요.
>
>   (2) 대화가 일방적이에요. 민주적이지 않아요.

(1)은 아들에게 불리한 말이다. '아빠의 말을 따라야 한다'는 전
제를 수용했기 때문이다. (2)는 다르다. 전제를 받아들이는 대신 대화
방식이 문제라고 지적했다. 대화에 대한 평가이고 메타 커뮤니케이션
이다. (2)라고 말해야 평등하고 합리적인 대화가 가능해진다.

> **연인 1** 내 결정에 왜 반대하는 거야? 나를 사랑하지 않아?
>
> **연인 2** (1) 너를 사랑하지 않냐고? 나는 너를 진심으로 사랑해.
>
>   (2) 그렇게 묻지 마. 사랑하지 않아서가 아냐. 올바른 결정
> 인지 확인하는 거야.

연인 1은 질문하기 전에 이미 함정을 파놓았다. 자신의 결정에
반대하면 사랑하지 않는 게 되도록 논리적인 함정을 파놓은 것이다.
(1)이라고 대답하면 그 함정에 빠진 것이다. 반면 (2)는 질문 자체가
틀렸다고 지적한 것이어서 함정에 빠지지 않는다. (2)는 대화를 평가

한 발언이며 메타 커뮤니케이션이다.

누군가 나를 공격하거나 몰아세우면 어떻게 해야 할까? '그게 아니다'라고 반박하는 것도 방법이다. 하지만 더 수준 높은 방책이 있는데 '그런 공격은 옳지 않다'고 말하면 된다. 대화 방식이 틀렸다고 문제를 제기하는 것이다. 메타 커뮤니케이션은 우리를 많은 곤란에서 구출해준다. 따라서 일상에서도 아주 중요한 대화 방식이다.

☺ 대화의 중심에 서고 싶다면

메타 커뮤니케이션의 또 다른 기능은 대화의 건전성을 높인다는 점이다. 대화를 자주 점검해야 효율적으로 대화할 수 있다.

〈라디오스타〉에 가수 강원래가 출연했을 때다. 그는 인생을 돌아보며 많은 이야기를 하다가 눈물까지 보였다. 친구 구준엽의 우정에 감동해서 울먹이고 만 것이다. 현장에 있던 출연자들의 감정이 격해지는 순간이었다. 시청자도 가슴이 뜨거워졌다. 그때 김구라가 강원래를 향해 폭탄 같은 말을 던지고 말았다.

"아주 오늘 많은 걸 보여주십니다."

슬픈 사람을 놀리는 말 같아서 아슬아슬했다. 그런데 그 한마디 말이 놀라운 힘을 발휘했다. 현장의 모든 출연자가 웃음을 터뜨린 것이다. 강원래마저 눈물이 맺힌 채로 크게 웃었다. 그런 분위기의 대반전은 어떻게 가능했을까? 김구라가 대화의 이상한 점을 잘 지적한 덕분이다.

'오늘 많은 걸 보여주십니다'의 속뜻은 '드디어 당신은 예능을 슬프게 만들었어요'이다. 예능 프로그램의 목표는 웃음인데 강원래는 눈물을 자아냈다. 정반대로 달린 것이다. 마라토너가 뒤로 질주한 것처럼 이상하고 어색한 상황이었는데, 김구라가 그것을 지적한 것이다. 강원래는 '내가 사람들을 울리고 있다'고 자각하고는 심기일전했고 대화는 본래 목표인 즐거움으로 방향을 전환했다. 대화의 흐름이 문제라는 지적이 있었기에 가능했다. 대화 중에도 대화에 문제가 없는지 자주 관찰해야 한다. 그리고 필요하다면 분명하게 지적해야 한다.

"지금 우리 대화가 산으로 가고 있어요."
"이야기가 겉돌고 있어요. 핵심이 뭔가요?"
"그건 주제에서 벗어난 말입니다."
"우리가 중요한 문제를 빠뜨렸어요."

대화의 목표 지향성, 명확성, 효율성을 평가하는 진술들이다. 그런 평가를 자주 하면 대화가 목표를 잃지 않고 주제가 분명해지며 노력 대비 높은 수준의 결과를 산출한다. 대화에 대한 평가, 즉 메타 커뮤니케이션의 작용이다.

메타 커뮤니케이션의 또 다른 혜택은 나를 중요한 사람으로 만든다는 점이다. 대화의 흐름이나 방식에 문제가 있다고 지적하면 내가 대화의 평가자가 되고 대화의 중심에 선다. 중요한 사람이 되고 싶다면 대화에 휩쓸리지만 말고 대화를 평가해야 한다.

⊚ 웃음을 주고 싶다면

메타 커뮤니케이션에는 오락 기능도 있다. 유머 감각이 뛰어난 사람은 대체로 메타 커뮤니케이션 능력을 가지고 있다.

가수 아이유가 〈대화의 희열〉에 출연했을 때 유희열이 메타 커뮤니케이션 실력을 보여주었다. 아이유는 함께 일하는 스태프들이 떠나지 않게 여러 가지 노력을 한다고 설명했다. 팀의 운영 시스템이나 경제적 문제까지 깊이 고민하고 있었다. 출연자들은 아이유의 이야기에 빠져들어 듣고 있었지만 유희열은 달랐다.

"지금 분위기로는 청년 창업자 아이유 (같아요)."

모두 가수 아이유가 청년 사업가처럼 말하고 있다는 걸 깨닫고는 웃음을 터뜨렸다. 다른 사람이 아이유의 말에 몰입하는 동안 유희열은 대화 밖으로 나가서 관찰하고 논평했으며, 그 덕분에 웃음을 만들 수 있었다.

개그맨 허경환은 〈해피투게더〉에서 미묘한 말실수를 저질렀다가 유재석에게 포착되고 말았다. 닭고기 사업을 하는 허경환은 회사 직원들에게 '왜 방송에서 닭가슴 이야기를 하지 않느냐'는 말을 여러 번 들었다고 했다. 방송 출연을 회사 홍보 기회로 활용해야 한다는 취지였다. 허경환은 그 이유를 설명했고, 그 즉시 날카로운 유재석의 지적이 날아왔다.

허경환 제가 연예인으로서 닭가슴 이야기를 계속하는 게 부끄러웠습니다.

유재석 (웃는 얼굴로 끼어들며) 그냥 닭가슴이라고 하지 말고 닭가슴'살'을 붙이세요.

현장에 있던 사람들 모두가 크게 웃었다. 허경환도 파안대소했는데 당황스러운 웃음이었다. 상대의 발언을 관찰하고 미묘한 문제점을 찾아낸 유재석의 센스가 돋보이는 장면이다.

영화감독 봉준호도 메타 커뮤니케이션 공격을 받고 무척 쓰린 웃음을 터뜨린 적이 있다. 2021년에 배우 윤여정과 봉준호가 〈씨네21〉이 주선한 대화를 나눌 때였다. 두 사람은 영화 〈미나리〉에 대해서 이야기했는데, 초반에 봉준호는 극 중 윤여정의 영어 대사가 많지 않아서 상대적으로 연기하기 편했다고 추정했다.

봉준호 선생님은 즐겁게 (연기)하셨을 것 같아요. 영어 대사도 조금씩 나오고.

윤여정 (1) 아유, 나도 고생 많이 했어요.

(2) 아유, 남의 일이라고 너무 편안하게 말씀하신다. 나도 고생 많이 했어요.

윤여정은 어떻게 말했을까? (1)은 단순한 답변이다. 반면 (2)는 "남의 일이라고 너무 편안하게 말씀하신다"라고 했으니 대화 방식에 문제를 제기한 것이다. 메타 커뮤니케이션이다. 윤여정은 (2)라고 말했다. 봉준호는 풍선이 터지듯 급작스럽게 웃었다. 한편으로는 미안한 마음이 있었을 것이다. 대화의 문제점을 날카롭게 지적하면 정곡을 찔린 상대는 복잡한 웃음을 터뜨리게 된다. 그런데 이 자리에서 윤여정도 봉준호와 똑같은 유형의 실언을 했다. 윤여정은 〈미나리〉의 정이삭 감독이 봉준호 감독보다 자율권이나 제작비가 상대적으로 부족해서 더 힘들게 작업했다는 의미의 발언을 했다. 봉준호는 즉시 속마음을 드러내며 반응했다.

윤여정 〈미나리〉의 감독이 봉준호 감독과는 전혀 다른 상황에서 찍은 거라는 말이에요….

봉준호 (1) 저도 나름 힘듭니다, 선생님.

(2) 공정하지 않으십니까. 저도 나름 힘듭니다, 선생님.

(1)은 윤여정의 말에 대한 반응이고 (2)는 대화 방식에 대한 반응이다. 봉준호는 어떻게 말했을까? (2)가 아니라 (1)이라고 말했다. (2)는 상대의 정곡을 찌른다. 일종의 공격이다. 봉준호는 원로 배우에게 공격적인 유머를 되돌려줄 수가 없어 다분히 부드럽게 억울한 듯 반응했다. 덕분에 윤여정은 역공을 당하지 않고 넘어갈 수 있었다.

대화 속에서만 빠져 있으면 대화를 잘하는 사람이 아니다. 누가 부적합한 말을 하고 있지는 않은지 관찰해야 한다. 대화의 흐름도 살펴야 한다. 대화 자체를 들여다보면서 적절히 문제를 제기하는 사람이 웃음을 주고 주목도 받으면서 대화의 주도권을 쥘 수 있다.

"하하! 호호!"
유쾌한 대화를 하려면

활기 넘치는 이모티콘,
부사와 감탄사

사람을 바꾸는 단어들이 있다. 그런 단어를 많이 쓰면 근엄한 사람이 화사한 사람으로 바뀐다. 무감각했던 성격이 다감한 성격으로 변한다. 부사와 감탄사가 그런 마법의 단어다.

먼저 부사부터 보자. 부사는 주로 동사나 형용사를 꾸며서 뜻이 분명해지도록 만드는 단어다. 보통 '언제, 어디서, 어떻게'라는 뜻을 갖고 있는데 예를 들면 어제, 그제, 이리, 저리, 일찍, 너무, 아주 등이 부사다. 부사를 적절히 활용하면 기분 좋은 사람이 되고 말맛도 살릴 수 있다.

유튜브 〈아이유의 집콕시그널〉에서 아이유가 공감되는 말을 하자, 작사가 김이나가 감동했다는 듯이 반응했다. 뭐라고 했을까?

(1) 맞는 말이에요. 동의해요.

(2) 무릎을 탁 치고 갑니다.

김이나는 (2)라고 말했다. 그 말을 들으면 무릎을 치는 사람이 그려진다. 중요한 것을 깨달았거나 크게 공감했다는 걸 표현하는 동작이다. 거기에 '탁'이 더해져서 더 실감난다. 부사 '탁'은 어떤 것을 강하게 치는 소리다. 한 음절이지만 효과가 크다. '무릎을 친다'보다 '무릎을 탁 친다'가 훨씬 생생하다. 소리가 들리는 듯한 착각이 든다. 그리고 그렇게 말하는 순간 김이나도 활기 넘치고 신이 나서 어쩔 줄 모르는 사람이 된다. 물론 누구나 그렇게 된다. '탁, 빵, 후욱, 쌩' 등의 부사를 사용하면 기분 좋은 사람으로 변신한다. 마법의 단어다.

☺ 대화의 활력을 불어넣는 부사

〈맛남의 광장〉에서 개그맨 양세형은 한 식당 주인에게 요리법을 설명했다. 어떻게 말했을까?

(1) 자, 이렇게 담가요. 그다음에 한 번 들었다가… (기름에 넣으세요).

(2) 자, 이렇게 푹 담가요. 그다음에 한 번 쓰윽 들었다가… (기름에 넣으세요).

양세형은 (2)이라고 말했다. (1)과 (2)는 같은 뜻이지만 소리 내서 읽어보면 어감의 차이가 크다. 부사의 유무 때문이다. (2)에는 두 개의 부사가 사용되었다. '푹'은 깊이 잠기는 모양을 표현하고 '쓰 윽'은 빠르고 부드러운 동작을 나타낸다. 두 개의 부사 덕분에 생동감 넘치는 말이 되었다. 반면 '푹'과 '쓰윽'이 없는 (1)은 건조하다. 양세 형이 (1)이라고 했다면 좀 무뚝뚝한 사람으로 보였을 것이다. (2)라 고 말한 덕분에 다정하고 생기발랄한 느낌이 든다.

〈미추리〉에서 장도연은 이렇게 말했다.

"세형이는 저를 의심한 게 아니라 툭 던졌는데 제가 그걸 굳이 달려가서 앙 문 것 같아요."

툭(슬쩍), 굳이(구태여), 앙(무는 동작이나 소리) 등 부사 세 개를 써 서 재미있는 문장을 만들었다. 리듬감도 생기고 상황을 그리게 된다.

일상생활에서도 부사는 사람의 향기를 바꾼다. 누가 부른다고 하자. 다양하게 대답할 수 있다.

(1) 갈게요.
(2) 즉시 갈게요.
(3) 냉큼 갈게요.
(4) 얼른 갈게요.

목소리 톤에 따라서 어감이 달라질 수 있지만 글자만 놓고 보면 (1)은 무미건조하다. 부사가 없어서 메마른 느낌을 준다. (2)에서 (4) 는 흔쾌히 가겠다는 느낌을 주고 '냉큼'은 익살스럽기도 하다. 부사가 말의 재미를 살리고 사람을 재미있게 만들기도 한다.

부사를 쓰더라도 어떤 부사를 쓰느냐에 따라 느낌이 달라진다. 아래 예문을 비교해보면 금방 알 수 있다. 팀장이 일을 시켰다. 어떻게 대답하는 게 좋을까?

(1) 잘 해내겠습니다.
(2) 빈틈없이 해내겠습니다.

(1)도 괜찮지만 (2)가 더 적극적인 느낌을 준다. 보이지 않는 뉘앙스가 팀장의 마음에도 영향을 끼칠 것이다.

이번에는 습관처럼 불만을 표현하는 상대에게 하는 말이다.

(1) 넌 자주 불만이다.
(2) 너는 꼬박꼬박 불만이다.

(1)은 '자주'라고 했으니 상대의 기분이 좀 나쁠 것이다. 그런데 (2)는 훨씬 더 공격적이고 엄격한 질타의 분위기를 풍긴다. '꼬박꼬박'이 그런 느낌을 만들어낸다.

이번에는 빠르게 달리는 사람을 묘사하는 문장을 비교해보자.

(1) 그는 빨리 달렸다.
(2) 그는 벼락같이 달렸다.

'벼락같이'는 강한 느낌을 준다. 다음 예문은 고양이의 모습을 표현한 문장이다.

(1) 고양이가 꼬리를 천천히 흔들며 나를 봤다.
(2) 고양이가 꼬리를 살랑살랑 흔들며 나를 봤다.

'천천히'는 고양이가 나를 관찰하는 것인지 반기는 것인지 좀 애매한 느낌이다. 반면 '살랑살랑'은 다정한 느낌을 표현한다. 그 덕분에 밝은 성격이의 고양이가 되었다.

☺ 예의 바른 사람이 많이 사용하는 부사

부사는 예의 바른 사람도 만든다. 젠틀한 반려견 훈련사 강형욱도 부사를 많이 쓴다. 〈개는 훌륭하다〉에서 사나운 반려견의 집을 찾아간 그는 이렇게 말했다.

"이 친구(반려견)가 위협적인 행동을 혹여나 한다면, 대응만 할 게요…. 그런데 도리어 이 친구가…. 혹시 걸레 하나만 주시겠어요? 사실 진짜 말씀드리고 싶은 게 있어요…. 약간 기지개를 켜볼까요. 아주 좋아요."

강형욱은 '혹여나' '도리어' 등의 부사를 써서 말을 리드미컬하게 만들고 강조하기도 했다. 그런데 "혹시 걸레 하나만 주시겠어요?"에서 '혹시'는 기능이 조금 다르다. 안 주셔도 되는데 괜찮으면 달라는 뜻이다. 정중한 느낌이다. 또한 "진짜 말씀드리고 싶은 게"에서 '진짜'는 꼭 말해야 해서 말한다는 느낌이다. '약간'도 양해를 구하는 말투다. 이처럼 부사를 잘 쓰면 조심스럽고 예의바른 사람이 된다.

밝고 재미있게 말하는 사람들은 부사를 적절히 활용한다. 좋은 인상도 얻을 수 있다. 그들은 어떻게 부사 활용 능력을 갖게 되었을까? 책을 읽고 누군가의 이야기를 들으면서 좋은 부사를 기억했다가 활용할 것이다. 남몰래 열심히 반복해서 외웠을지도 모른다. 물론 특별히 연습하지 않아도 그런 언어 감각을 가진 사람도 있을 것이다. 선천적인 언어의 마술사가 아니라면 우리도 영어 단어 외우듯이 부사를 공부하고 기억하면 기분 좋고 맛있게 말할 수 있다.

재미있고 쓸모 있는 부사와 부사어를 정리해 소개한다. 어감이나 뜻이 유사한 단어끼리 묶었으니 여러 번 읽고 재미있는 건 기억해두면 활용도가 높을 것이다.

다짜고짜, 무작정, 무턱대고, 함부로, 버럭, 바락, 바락바락, 아락
바락

불쑥, 불쑥불쑥, 풀쑥, 풀쑥풀쑥, 울컥, 뚝, 단박에, 곧바로

훌쩍, 거침없이, 가볍게, 막힘 없이, 얼른, 한시바삐, 금방, 어서

넌지시, 살며시, 슬며시, 슬쩍, 슬그머니, 은밀히, 가만히

어물쩍, 얼렁뚱땅, 적당히, 차분히, 조용히, 침착히

천천히, 찬찬히, 슬슬, 서서히, 느릿느릿, 얼른, 냉큼, 빨리, 즉시,
재빨리

보아하니, 또박또박, 조목조목, 또랑또랑, 빠릿빠릿

뼈저리게, 사무치게, 뼈아프게, 야멸차게, 단도직입적으로, 야무
지게, 빡빡, 야물게

든든하게, 단단하게, 다부지게, 빈틈없이, 살살, 살그머니

무심코, 허투루, 아무렇게나, 마구, 딱, 단호히, 확실히, 정확히

살그머니, 슬그머니, 살금살금, 슬쩍, 살짝, 몰래, 지그시, 지긋이

면면히, 쭉 잇달아, 부단히, 끊임없이, 하염없이

하기야, 아무렴, 그렇고말고, 암, 아무려면, 어지간히, 엔간히, 작작

꼼꼼히, 낱낱이, 샅샅이, 싹 다, 하나하나, 모두

우당탕, 멍멍, 컹컹, 꿀꿀, 삐약삐약, 키득키득

후루룩, 후룩, 중얼중얼, 종알종알, 쭝얼쭝얼

☺ 티파니를 행복하게 한 재재의 감탄사

감탄사도 부사 못지않게 재미있는 단어다. 부르거나 대답할 때 쓰는 단어도 감탄사다. "야, 이리 와"에서 '야'도 감탄사이고 "예, 알겠습니다"에서 '예'도 감탄사다. 그런데 가장 많이 쓰는 감탄사는 느낌을 표현한다. '아, 어머, 앗, 어쩜' 등이 그것인데, 여기서도 주로 느낌 표현 감탄사에 대해서 이야기하려 한다.

강형욱은 부사뿐 아니라 감탄사도 잘 활용한다.

"오~ 음, 그럴 수 있죠."
"어, 그래요."
"아, 나쁘지 않네요."
(반려견에게) "이히~"

이런 표현은 사람과 동물을 흔쾌히 움직이게 만든다. 등을 살짝 떠미는 감탄사는 보이지 않는 손이다. 굳이 순위를 매긴다면 감탄사를 가장 많이 쓰는 사람은 유재석이다.

(놀란 표정으로) "어후~"
(반가운 표정으로) "아이, 형님."
"아이고, 나 참. 진짜 그렇지."

"아유, 안녕하십니까?"

"하하."

"아이~"

"참나."

"자~"

유재석의 감탄사는 상대의 기분을 들뜨게 만든다. 분위기를 밝게 만드는 힘도 있다. 우리도 그의 감탄사를 따라하면서 인사하면 기분 좋은 사람이 될 수 있다.

감탄사는 따뜻한 느낌도 준다. 〈금쪽같은 내 새끼〉의 MC 신애라가 그런 감탄사를 많이 쓴다. 길에서 주운 물건을 엄마에게 선물하는 아이의 사연이 소개될 때 그녀는 이렇게 반응하고 감탄했다.

"아하, 유치원 갔다 왔군요."

"어머, 어머머."

"어우, 또? 야~"

"히~ 저건 너무 한가득 아닌가?"

"아이구, 히히히히."

표현 하나하나에서 엄마의 마음이 느껴진다. 아이를 귀엽고 사랑스럽게 여기는 따뜻한 심정이 감탄사에서 전해진다. 감탄사가 많은 엄마와 그렇지 않은 엄마는 자녀에게 전혀 다른 느낌을 준다.

유재석과 신애라에 버금가는 감탄사계의 신흥 강자가 있다. 유튜브 〈문명특급〉의 재재다. 쉬지 않고 표현하는 감탄이 그녀의 무기이고 인기 비결이다. 가수 티파니와 인터뷰할 때의 반응을 보자.

(티파니와의 만남이 기뻐서) "어떡해, 어떡해."
(티파니가 자신을 칭찬하자) "오오~"
(소녀시대 멤버들이 출연을 원한다니까 숨을 들이키며) "허어~"
(티파니가 재재의 생일을 알아주니까) "어떡해, 이게 무슨 일이야?"
(티파니에게 공감하며) "너무 좋아요."
(한국 노래와 영어 노래의 발성을 다르게 부르자) "와, 소름 돋아!"

시청자를 기분 좋게 만드는 TV 스타들은 모두 감탄사의 달인이다. 우리도 그들처럼 감탄사를 자주 말하면 근엄함에서 탈출해 생기발랄한 사람으로 변신할 수 있다. 예를 들어 성과를 낸 부하 직원에게 어떻게 말해야 할까?

(1) 일을 아주 잘했구나.
(2) 야~ 일을 아주 잘했구나.

(2)가 분위기를 더 고양시키는 표현이다. '야~'라는 감탄사는 놀

라움을 표현한다. 한 음절에 불과한 이 감탄사는 영향력이 크다. 권위와 근엄함을 깬다. 그리고 말하는 사람과 듣는 사람 모두를 유쾌하게 만든다. 이번에는 자녀의 생일을 축하하려고 한다. 어떤 말이 좋을까?

(1) 오늘 우리 딸 생일이네.
(2) 와우! 오늘 우리 딸 생일이네.

(2)처럼 말하는 아빠가 더 장난스럽고 따뜻하고 다정한 아빠로 다가간다. 민주적인 아빠이기도 하다. 군림하는 부모는 감탄사를 쓰지 않는다. 감탄사가 없는 가정에서는 가족들의 마음이 잘 연결되지 않는다. 감탄사를 써야 가정이든 직장이든 따사로운 곳이 된다. 권위와 근엄함을 벗고 따뜻하게 소통하려면 감탄사를 많이 쓰면 된다. 원래부터 감탄을 많이 하는 사람이 아니라면 적극적으로 훈련해야 한다. 감탄사를 의식적으로 찾아서 보고 읽고 외웠다가 활용해야 하는 것이다. 재미있고 쓸모도 많은 감탄사와 연관 표현을 소개한다.

그렇지, 맞아.
그래, 바로 그거야.
글쎄요, 아직은 모르는 일이죠.
맙소사, 이게 무슨 일이야.
세상에, 어떻게 이럴 수 있지?

아, 놀랐다.

아니, 그게 뭐야?

아냐, 절대 아니야.

아무렴, 네 판단이 옳다.

아뿔싸, 내가 실수했구나.

아아, 그렇게 되었구나.

아야, 너무 아파.

아유, 반가워요.

아으, 못 견디겠다.

아이, 좋아라.

아이고, 참기 힘들다.

아이고머니, 어쩜 이런 일이 일어나지?

아이참, 그러면 안 되지.

아하, 그것도 말이 되네.

앗, 놀랐잖아.

에고, 늦어버렸네.

야호, 신난다.

어머, 어머어머, 어마나.

어쩜, 너무너무 예쁘다.

어휴, 기운이 다 빠졌다.

에, 이게 뭐니?

에이그, 조심 좀 하지 그랬어.

에크, 놀래라.

엥, 그래 무슨 소리야?

오호, 대단하다.

우아, 감탄했다.

이런, 뜻밖이네.

으아, 내 꿈이 드디어 이뤄졌어.

자. 어서 오세요.

하하, 그럴 수도 있구나.

그 외에도 '세상에, 아차, 어이쿠, 으악, 에구, 에구구, 하이고' 등 감탄사는 아주 많다. 감탄사를 쓰지 못하는 것은 언어 감각이 부족해서가 아니다. 마음이 얼어 있기 때문이다. 감탄사를 적극 활용하면 서로의 마음을 녹여 관계가 따뜻해지고 개인의 커뮤니케이션 능력도 저절로 향상된다.

말투가 고민이라면 유재석처럼

말을 맛있게 만드는
생생한 비유

비유 능력이 말솜씨의 꽃이다. 비유를 잘하는 사람이 인상적이고 감동적인 말을 남긴다. 연인이나 친구와 대화할 때나 논쟁하고 설득할 때도 비유 능력은 비장의 무기가 된다. 사랑의 감정을 고백하는 상황을 가정해보자. 어떻게 말하는 게 효과적일까?

    (1) 너는 내게 없어서는 안 된다.
    (2) 너는 나의 심장이다.

    각자의 언어 감각에 따라 다른 답을 선택할 수 있겠지만 많은 사람들이 (2)를 선택할 것이다. 연인을 심장에 비유했으니 결국 '너 없이는 내 생명도 끝난다'는 의미다. 단순한 비유지만 효과가 높다. 감동적이고 인상적이다. 고백을 들은 연인은 행복해하며 그 말을 평생 기억할지도 모른다.

이번에는 회사 직원의 위기의식 부족을 지적하는 상황이라고 가정하자. 어떻게 말하는 것이 좋을까?

(1) 지금 우리 회사는 위기예요. 위험합니다. 여러분도 위태로워요.
(2) 지금 우리 회사는 타이태닉호입니다. 곧 깊은 바다로 침몰합니다. 여러분도 함께요.

(2)가 더 인상적이라고 생각하는 사람이 많을 것이다. 회사를 침몰하는 여객선에 비유하니 의미가 더 쉽고 선명하게 전달된다. '위기'는 추상적이지만 '침몰하는 타이태닉호'는 구체적이라서 이해하기 쉽다. 또한 여객선이 차가운 바다로 잠기는 장면을 상상하면 현장에 있는 듯 긴장되고, 내가 그 배를 탄 승객이라니 무서운 기분도 든다. 비유법의 효과다. 이렇듯 비유법을 쓰면 더 쉽고 더 선명하게 뜻을 전달할 수 있다.

그런데 비유법이란 무엇일까? 비유법에는 종류가 많다. 은유법, 직유법, 의인법, 대유법, 의태법 등이 비유법에 속하는데 모두 알아야 하는 것은 아니다. 핵심만 기억해도 부족하지 않다.

비유법은 이질적인 두 대상에서 공통점을 찾아 비교하는 수사법이다. 연인과 심장은 전혀 다른 것이다. 그런데 그 이질적인 두 대상에는 공통점이 있다. 없어서는 안 된다는 점에서는 같다. 그런 공통점 때문에 연인을 심장에 비유할 수 있는 것이다.

'월요일 회의는 지옥 같다'도 비유법 문장이다. 월요일 회의와 지옥은 전혀 다르면서도 괴롭다는 공통점이 있다. 비유법은 그런 공통점을 부각시킨다. '삶은 여행이다'도 흔한 비유다. 삶과 여행은 이질적이지만 공통점도 있다. 시작과 끝이 있고 희로애락으로 가득하다는 점에서 그렇다. 그 공통점을 근거로 삶을 여행에 빗댈 수 있으며, 그런 비유로 삶의 의미가 더 쉽고 선명해진다.

☺ 직관적으로 비유한다

그런데 비유법을 아무나 쓸 수 있는 건 아니다. 공부를 해야 한다. 비유 표현을 제대로 활용하려면 적어도 두 가지 규칙을 알아야 한다. 'A는 B이다'가 비유의 기본 형태. 여기서 첫 번째 규칙은 B의 뜻이 직관적이어야 한다는 점이다. 금방 쉽게 알 수 있어야 한다. 사랑을 정의하는 비유법 문장을 비교해보면 쉽게 이해할 수 있다.

(1) 사랑은 천국이다.
(2) 사랑은 지옥이다.
(3) 사랑은 아마존이다.

(1)과 (2)는 의미가 분명하다. 읽자마자 이해할 수 있는 비유법이다. 천국과 지옥의 뜻이 직관적이기 때문이다. 천국은 행복을 나타내고 지옥은 고통을 뜻한다. 그렇게 비유 대상의 의미를 금방 알 수 있기 때문에 (1)과 (2)는 쉬운 비유법이 된다. 그런데 (3)은 다르다. 의미가 불분명하다. 아마존의 뜻이 직관적이지 않기 때문이다. 아마존이 남미의 열대우림을 말하는지, 아니면 미국 기업을 가리키는지부터 애매하다. 그래서 설득력 높은 추가 설명이 없는 한 (3)은 좋은 비유가아니다.

이번에는 개그맨 지상렬의 유행어를 통해 좋은 비유법이 무엇인지 이해해보자.

(1) 안구에 습기 찬다.
(2) 이 사람이 오늘 입에서 쓸개가 나오네.

(1)은 의미가 명확한 비유다. 눈물을 습기에 비유했기 때문에 쉽게 이해된다. 그런데 (2)는 모호하다. 쓸개의 뜻이 직관적이지 않기 때문이다. 쓸개는 무엇을 나타내는 것일까? 아무 말이나 한다는 뜻일까, 쓴소리를 한다는 뜻일까? 그것도 아니면 속이 뒤집힐 정도로 흥분해서 말한다는 의미일까? 무엇을 쓸개에 비유했는지 추측하기 어렵다. 그러니 비유가 불명확한 (2)는 유행어가 되지 못했다.

선명한 비유 표현을 잘하는 TV 스타로는 김구라가 있다. 〈라디오스타〉에 개그맨 박나래가 출연했을 때다. 그녀는 술을 폭음한 덕분에 한 남자의 진심을 확인하게 되었다고 주장했다. 과음하는 박나래를 한 남자가 만류하며 "술 먹지 마. 이렇게 술 먹으면 다칠 수도 있어"라고 말했다는 것이다. 그는 왜 그런 말을 했을까? 박나래는 사랑의 표현이라고 확신했다. 자신을 깊이 사랑하니까 마음 졸이며 말리려 했다는 논리인데, 김구라가 나서서 단호히 반대했다.

"그건 인도적인 차원이에요. 벼랑 끝에 서 있는데 말려야죠."

'인도적'처럼 시사성이 강한 낱말을 예능 프로그램의 대화로 끌어온 김구라는 언어 감각이 유연하다. 거기에 더해 김구라는 비유 능력도 돋보인다. 그는 폭음을 '벼랑 끝에 서 있기'에 비유했는데 뜻이 선명하다. 그 말을 들으면 '위험' 상황이 저절로 떠오르기 때문에 왜 그런 비유를 했으며 숨은 뜻이 무엇인지 누구나 알 수 있는 것이다.

가수 중에도 비유법을 잘 쓰는 스타가 있다. 〈유퀴즈온더블럭〉에 출연한 RM은 BTS가 갑작스럽게 세계적 성공을 거두었을 때의 심정을 이렇게 표현했다.

"거대한 애드벌룬을 띄우고 같이 타 있는데 김이 안 빠지고 계속 올라가서 성층권 열권까지 올라가고 우주까지 가는 상황이라 무섭거든요."

RM은 BTS의 성공을 급상승하는 열풍선 타기에 비유했다. 빠르게 상승하는 풍선에 타고 있다면 큰 공포를 느낄 것이다. 누구나 그 기분을 상상할 수 있게끔 말한 RM의 비유는 성공적이었다. RM의 비유법을 통해 알 수 있듯이 풍부한 지식이 좋은 비유를 만든다. 지구의 대기권은 낮은 곳에서 높은 곳으로 가면서 대류권 성층권 중간권 열권으로 나뉜다. 그런 과학 지식이 비유의 바탕이 되었다.

김구라와 RM의 비유에는 공통점이 있다. 'A는 B이다'의 문장구조에서 B의 뜻이 쉽다는 점이다. 지상렬의 '안구에 습기 찬다'도 마찬가지다. 이렇게 비유 대상의 뜻이 선명해야 좋은 비유가 된다.

◉ 먼 개념끼리 비유한다

두 번째 규칙은 비유하는 두 대상 A와 B의 원뜻이 비슷하면 안 된다는 점이다. 본래의 의미가 많이 다를수록 좋은 비유다. 'A는 B이다'에서 A와 B의 원뜻이 비슷하면 안 된다. 원뜻이 다를수록 더 좋은 비유가 된다. '세상의 모든 아빠는 헌신적인 보호자다'는 비유라고 하기 어렵다. '아빠'와 '보호자'가 원래 비슷한 뜻이기 때문이다. 비교되는 원뜻이 서로 달라야 비유가 된다. '세상의 모든 아빠는 북극성이다'라고 표현하면 좋은 비유가 된다. 아빠와 북극성은 원래 먼 개념이기 때문에 둘의 공통점을 찾는 비유가 의미 있다.

사람의 몸을 숟가락에 비유한 TV 스타가 있다. 〈맛있는 녀석들〉에 출연하는 개그맨 김준현이다. 그는 숟가락에 밥을 최대한 많이 뜨고 그 위에 새우장을 얹어 먹었는데, 입에 넣기 전에 숟가락을 간장에 잠깐 담갔다. 어느 정도까지 적셔야 할까? 김준현이 쉽고 분명하게 말했다.

> **김준현** 딱 복숭아뼈까지 적신다.
> **출연자** (감탄한 듯이) 복숭아뼈?

김준현은 숟가락을 사람의 발에 비유했다. 숟가락과 발의 원래 뜻은 엄청나게 멀다. 전혀 다른 의미 영역에 있기 때문에 평소에는 공통점이 전혀 없는 것처럼 보인다. 그런데 김준현이 그 둘 사이의 공통점을 찾아내고 비유를 만들어냈다. 주변을 감탄하게 만드는 임팩트 강한 비유였다.

가수 윤종신도 비슷한 방법으로 폭소와 반전의 묘미를 보여주었다. 〈슈가맨〉에 출연한 그는 유희열이 자신에게 큰 위로를 주었다면서 일화 하나를 소개했다. 젊은 시절 실연당한 윤종신은 괴로워하다가 만취 상태가 되어 유희열의 집을 찾았다. 이런저런 넋두리를 하던 윤종신이 유희열에게 슬프고 괴로운 자신을 위해 피아노를 연주해달라고 부탁했다. 흔쾌히 승낙한 유희열은 즉석에서 작곡한 음악을 연주해주었다. 드라마틱한 장면이다. 친구를 위해 피아노를 연주해준 우정이 감동적이기도 하다. 그런데 반전이 있었다. 윤종신은 그 추억을 이렇게 정리했다.

윤종신 희열이는 사실 그런 존재였거든요. 제가 힘들고 지쳐서 집에서 술 마실 때 밴드처럼 쓰던 애였거든요.

(사람들 모두 폭소)

유희열과 밴드는 너무나 멀다. 여기서 밴드는 음악가라기보다 서비스맨에 가깝다. 윤종신은 고마운 친구 유희열과 서비스 업자를 비교했다. 둘은 전혀 다른 뜻을 가졌기 때문에 비유의 효과는 컸다.

〈라디오스타〉에 출연한 지상렬도 이질적인 둘을 비교하는 실력을 보였다. 한 연출자가 지상렬에게 드라마 출연을 약속하고는 까맣게 잊어버렸다. 지상렬은 자신의 처지를 어떻게 표현했을까?

(1) 저를 기억에서 완전히 지운 거예요.
(2) 저를 형장의 이슬처럼 지워버린 거예요.

지상렬은 (2)라고 했다. 현장에 있던 사람들 모두가 크게 웃었다. '잊힌 사람'과 '형장의 이슬'은 전혀 다른 의미인데, 지상렬은 둘 사이의 공통점을 찾아내 비유를 만들어냈다.

☺ 유재석의 투명한 비유법

비유 능력을 기르고 싶다면 'A는 B이다'에서 B의 뜻이 직관적이어야 하며, A와 B의 원뜻이 전혀 달라야 한다는 것을 기억해야 한다.

그런데 유형이 다른 비유법도 있다. 유재석의 비유법이 그렇다. 유재석의 비유는 투명한 비유법이다. 투명인간처럼 잘 보이지 않는다. 'A는 B이다'라고 명시되어 있지 않아서 추리하는 재미도 있다. 유재석이 〈무한도전〉에서 정준하와 이런 대화를 나누었다.

> **정준하** 저는 (물을) 하루에 4~5리터 넘게 먹어요.
>
> **유재석** 진짜?
>
> (정준하, 고개를 끄덕인다.)
>
> **유재석** 형은 변기통에 있는 그만큼 먹는 건가 봐.
>
> **정준하** 다른 것에 비교를 해도 될 텐데, 왜 하필….

윤종신의 '유희열=밴드' 비유는 두 개의 비유어 뜻이 분명하다. 반면 유재석과 정준하의 대화에서는 비유가 흐릿하다. 무엇을 무엇에 비유했는지 알기 어렵다. 깊이 생각해야 밝혀진다. 물로 배를 가득 채운 정준하를 물이 가득 찬 변기통으로 비유했다. 유재석은 〈일로 만난 사이〉에서도 투명에 가까운 비유 표현을 썼다. 출연자들이 하루 종일 노동을 한 뒤에 일당을 받으면 끝을 맺는 프로그램이었는데, 마지막 장면에서 출연자 정재형과 유희열이 유재석을 의심한다. 유재석이 일당을 더 받은 것은 아닌지 확인하고 싶다면서 유재석이 쥔 봉투를 열어보려고 몸싸움까지 벌였다. 이때 유재석이 소리 높여 말했다.

"마지막에 밑바닥을 드러내네, 이 형들이."

'밑바닥'은 무엇을 비유한 단어일까? '마음의 밑바닥'이다. 더 정확히는 마음 깊은 곳에 깔려 있는 나쁜 본성이다. 유재석은 '형들이 나쁜 본성을 드러내고 있다'고 외쳤던 셈이다. 여기서 유재석의 비유는 명시적이지 않고 은근하다. 얌전한 장신구처럼 눈에 띄지 않으면서 자연스럽게 장식 효과를 낸다. 유재석은 〈유퀴즈온더블럭〉에서도 비슷한 비유 표현으로 조세호를 타박했다.

유재석 왜 이렇게 에피소드가 너저분해요. 자기야, 내가 주워 담는 것도 한계가 있어.

조세호 네네, 죄송합니다.

첫눈에는 어떤 비유인지 모호하지만 잘 생각해보면 정체가 드러난다. 유재석은 말을 주워 담을 수 있는 물건으로 비유했다. 동시에 조세호는 사고나 치는 철없이 아이가 되었고, 유재석 본인은 아이가 흘린 것을 주워 담으며 뒤치다꺼리하는 보호자가 되었다. 유재석은 '주워 담는다'는 표현 하나로 은근하게 복합적인 비유를 만들어냈다. 인상적인 언어 실력이다.

비유법 공부하기

비유 능력을 키워주는 교과서는 많다. 픽션과 논픽션 가릴 것 없이 모든 책이 비유법의 보물창고다. 매일 수십 개씩 듣고 읽는 언론 기사에도 풍부한 비유가 등장한다. 그런 교과서에서 비유법을 찾아내 기억하려고 노력해야 비유 능력이 자란다. 그런데 잊지 말아야 할 중요한 원칙이 있다. 쉬운 것부터 시작해도 충분하다는 점이다. 김구라도 썼던 벼랑의 비유를 예로 들어보자. 다양한 형태로 활용되고 있다.

　벼랑 끝으로 내몰리고 있다.
　벼랑 끝에서 대치하고 있다.
　벼랑 끝 협상을 한다.
　벼랑 끝 승부를 벌이다.

　어렵지 않고 익숙한 표현이다. 기억했다가 큰 위기나 심각한 대결에 비유하면 된다. 개인의 감정을 나타낼 때도 유용하다.

　벼랑 끝에 서 있다.
　벼랑 끝에 매달린 기분이다.
　벼랑 끝에서 마지막 희망을 찾았다.
　벼랑 끝이라고 생각하며 살아간다.

외롭거나 절박할 때, 또는 겨우 희망을 찾았을 때 벼랑의 비유를 쓸 수 있다. 벼랑이라는 쉬운 단어만 활용해도 우리의 비유 능력은 쑥쑥 자란다.

속담도 쉬우면서 쓸 데가 많다. 힘들여 외울 것도 없다. 우리 머릿속에는 이미 많은 속담이 들어 있기 때문이다. '올챙이 적 시절, 계란으로 바위치기, 강 건너 불구경, 닭 쫓던 개, 똥 묻은 개, 밑 빠진 독, 믿는 도끼, 바늘 도둑, 방귀 뀐 놈, 벼룩의 간, 빛 좋은 개살구, 소문난 잔치, 등잔 밑, 우물 안 개구리, 엎질러진 물' 등 얼핏 생각해도 무수하다. 전혀 어렵지 않은 비유이고 쓰기에도 딱 좋다. 속담에서 시작해도 비유 능력을 충분히 향상시킬 수 있다.

유명하고 재미있는 비유를 천천히 음미하는 것도 공부가 된다. (　　) 안에 들어갈 말을 추리해보자.

성공은 주머니에 손을 넣고 오를 수 없는 (　　　　)다. _**미국 속담**

연인의 다툼은 여름날의 (　　　　) 같다. 지나가면 모든 것이 훨씬 아름다워 보인다. _**수잔 네커**Suzanne Necker

웃음은 사람의 얼굴에서 겨울을 몰아내는 (　　　　)이다. _**빅토르 위고**Victor-Marie Hugo

연인관계는 (　　　　)와 같아요. 계속 앞으로 가지 않으면 죽죠. 우리가 손에 쥐고 있는 건 죽은 (　　　　)인 것 같아요. _**우디 앨런**Woody Allen

기억은 (　　　　)이다. 어떤 것은 스쳐 지나가면서 얼을 빼놓지만,

어떤 것은 사람을 찢고 조각낸다. _리처드 캐드리Richard Kadrey

사랑은 볼 수 없지만 느낄 수 있는 (   )과 같은 것이다. _니콜

라스 스파크스Nicholas Sparks

정답 사다리, 폭풍, 햇빛, 상어, 상어, 총탄, 바람

아래는 인생을 어떤 것에 비유한 문장들이다. (   ) 안에 들어

갈 말은 무엇일까?

인생은 (   )와 같다. 어떤 것을 집을지 절대 알 수 없다. _포레

스트 검프 Forrest Gump

인생은 (   )이다. 당신이 웃으면 인생도 웃어준다. _**윌리엄 P.**

매기William P. Magee

인생은 (   )다. 하나하나 껍질을 벗기다가 속에 아무것도 없

는 걸 알게 된다. _**제임스 휴네커**James Huneker

인생은 (   )와 같다. 균형을 잡으려면 계속 나아가야 한다.

_**알베르트 아인슈타인**Albert Einstein

인생은 (   )다. 꼭대기에 오르기 전에 중간에서 몇몇을 내리

게 해야 한다. _**작자 미상**

정답 초콜릿 상자, 거울, 양파, 자전거 타기, 엘리베이터 타기

호응의 고급 스킬, 패러프레이즈

상대가 말하는 동안 나도 자주 말해야 한다. 서로 호응하고 반응해야 대화다. 피곤하고 귀찮다고? 사실은 지쳐서 입을 닫는 게 아니다. 어떻게 반응해야 할지 방법을 모르니까 겁이 나서 침묵하는 것이다. 소극적인 겁쟁이는 매력이 없다. 말을 해야 나의 향기가 멀리 퍼지고 호감과 기회를 얻을 수 있다.

말로 호응하는 가장 간단한 방법은 따라하기다. 상대방의 말끝을 반복하기만 해도 매끄럽고 생기발랄한 대화가 된다. 〈2019 SBS 연예대상〉에서였다.

김성주 기록을 보니까 신동엽 씨가 의외로 대상과 인연이 많지 않

있습니다.

신동엽 많지 않죠.

김성주가 한 말의 끝을 신동엽이 반복했다. 곧바로 그 반대 상황도 펼쳐진다.

김성주 (대상을) 받으실 때가 된 것도 같은데.
신동엽 아, 아닙니다. 아닙니다.
김성주 아닙니까?

'많지 않죠'와 '아닙니까?'가 없었다면 대화가 아니라 혼잣말이 되었을 것이다. 마치 벽에 대고 탁구하는 것과 같다. 말의 끝부분을 반복하기만 해도 주고받는 대화가 성립된다. 말끝이 아니라 키워드를 따라하는 방법도 있다.

김구라 연예대상이 이제 물갈이를 해야 할 때가 아닌가….
김성주 아, 물갈이요?

김성주가 '할 때가 아닌가'를 반복했다면 우스웠을 것이다. 대신 그는 김구라의 주장 중 키워드를 찾아서 반복했다. 김성주가 그렇게 반응하자 배드민턴처럼 주고받는 즐거운 대화가 되었다.

☺ 패러프레이즈는 단순 반복이 아니다

호응 방법으로는 패러프레이즈paraphrase도 있다. 패러프레이즈는 '다시 말하기'다. 즉 상대의 말을 자기 말로 고쳐서 다시 말하는 게 패러프레이즈다. 이 고급 말기술을 구사하는 사람은 최고 수준의 커뮤니케이터다. 직장 생활에서건 연애를 할 때건 패러프레이즈를 잘하는 사람이 유리하다.

바른말 잘하는 펭수가 패러프레이즈 전문가인데 유튜브 〈자이언트 펭TV〉에 중고거래 전문가가 출연했을 때 그 능력이 빛났다.

펭수 중고 물품을 잘 팔려면 어떻게 해야 하나요?
전문가 내가 팔기 싫은 마음으로 글을 올리면 구매자가 사고 싶어 합니다.
펭수 사기를 쳐라?
전문가 아니죠. 거짓말을 하면 나중에 고소당해요.
펭수 한 번도 거짓말을 하지 않으셨습니까?
전문가 거짓말을 안 하려고 노력했어요.
펭수 노력은 했는데, 친 적은 있고?

이 흥미로운 대화에서 주목해야 할 펭수의 반응은 두 가지다. 먼저 "사기를 쳐라?"부터 보자. 그 말에 함축된 내용을 풀어 쓰면 '팔기 싫은 마음으로 글을 써야 한다고요? 그 말은 사기 치라는 건가요?'가 된다. 전문가는 '팔기 싫은 마음으로 글쓰기'라고 말했는데, 그것을 펭수가 '사기 치기'로 바꿔서 말했다. 이것이 패러프레이즈다. 다른 사람의 말을 반복하되 내 말로 바꿔서 표현했으니 패러프레이즈인 것이다. 패러프레이즈를 통해서 펭수는 상대의 진의가 무엇인지 캐물었고 상대는 답변을 해야 했다. 그런 질문과 답변 과정에서 말뜻이 정확해졌으니 대화는 깊이를 더하게 되었다. 펭수는 한 번 더 패러프레이즈를 했다. 중고거래 전문가가 "거짓말을 안 하려고 노력했어요"라고 하자 "노력은 했는데, 친 적은 있고?"라고 되물었다. 속뜻을 풀어 쓰면 '거짓말을 하지 않으려고 노력은 했다는 말은, 결국 거짓말로 사기를 친 적은 있다는 뜻인가요?'가 된다. '노력은 했다'라는 상대의 말을 펭수는 '사기 친 적은 있다'로 바꿔서 다시 말했다. 자기 어휘를 활용해 상대의 말을 반복한 것이다. 전형적인 패러프레이즈다.

펭수의 패러프레이즈는 사실 요구다. '그게 무슨 말인지 좀 더 정확하게 말해주세요'라는 요청인 셈이다. 정확하게 말해야 주제가 선명해진다. 문제 해결의 상황이라면 대안 찾기가 수월해진다. 연인 간의 대화에서는 좋고 싫은 걸 분명히 표현해야 사랑이 더 깊어진다. 패러프레이즈는 대화에서 안개를 걷어내고 시야를 맑게 만들어준다.

그런데 이쯤에서 왜 굳이 자기 어휘로 바꿔 말해야 하는지 이유가 궁금할 것이다. 상대의 말을 앵무새처럼 따라하는 걸 패러팅parroting이라고 한다. 패러팅은 좋지 않다. 무엇보다 화자의 이미지를 손상시키고 대화의 격을 낮춘다. 펭수가 앵무새처럼 말했다고 가정해보자.

> **전문가** 내가 팔기 싫은 마음으로 글을 올리면 구매자가 사고 싶어합니다.
>
> **펭수** 내가 팔기 싫은 것처럼 글을 올려야 한다는 말씀이군요.

> **전문가** 거짓말을 안 하려고 노력했어요.
>
> **펭수** 거짓말 안 하려고 노력을 많이 하시는군요. 대단합니다.

이렇게 대화한다면 펭수는 전혀 매력이 없다. 속된 표현으로 바보처럼 보인다. 자신의 어휘로 바꾸지 않고 복사해서 붙이듯 단순 반복만 했기 때문이다. 그런데 문제는 그런 복사 대화를 하는 사람들이 적지 않다는 점이다. 어느 회사에나 많다. 상품 매장에도 적지 않다. 매력적인 이성을 지루하게 만드는 사람들도 복사 붙이기 대화를 한다. 심지어는 TV 프로그램 진행자마저 앵무새처럼 말하는 경우가 있다. 채널을 즉시 돌리는 이유인데 정작 본인은 원인을 알지 못한다.

◎ 소통의 통로가 된다

패러프레이즈가 번거롭게 보일 수도 있지만 착각이다. 패러프레이즈 능력이 있으면 삶이 편안해진다. 귀찮고 피곤한 일들이 싹 줄어들어서 효율적인 삶이 된다. A가 B에게 길을 묻는 상황을 가정해보자.

A 경찰서가 어디에 있나요?

B 남쪽으로 300미터 가시면 됩니다.

A 저기 보이는 은행 건물 방향으로 300미터 가면 된다는 뜻인가요?

B 네, 그렇습니다.

A는 다시 질문을 해서 더 정확하고 이해하기 쉬운 답을 얻어냈다. 그러니 헛걸음을 할 염려가 없어졌다. '남쪽으로'를 '은행 건물 방향으로'로 바꿔서 말한 덕이다.

A 디자인 작업 빨리 끝내주세요. 급합니다. 너무 완벽하려고 하지 마세요. 내일 아침까지는 마무리되어야 해요.

B 마감이 촉박하니까 미흡한 부분이 있더라도 내일 아침까지 끝내달라는 말씀이군요.

B는 A의 말을 자기 어휘로 바꿔 말함으로써 뜻을 명확하게 만들었다. '너무 완벽하려고 하지 말라'를 '다소 미흡해도 된다'로 바꾼 것이다. 이렇게 패러프레이즈를 해야 공동의 목표가 명확해진다. 그리고

뒤탈도 없어진다.

패러프레이즈는 사람을 편하게 만들고 헛걸음을 줄여주고 뒤탈의 가능성도 낮춘다. 걱정이 줄어드는 것이다. 또한 목표가 선명해지니까 일의 효율성도 자연히 높아진다. 패러프레이즈는 기본 문장 형식이 있다. 아래와 같이 말하면 된다.

"저는 ~라고 이해했는데, 혹시 제가 틀렸나요?"
"결국 ~라는 뜻으로 말씀하신 거군요."
"~라는 뜻인가요? 아니면 ~라는 뜻인가요?"

패러프레이즈 훈련법도 있다. 첫째, 주요 어휘를 바꿔본다. 핵심적인 어휘를 다른 어휘로 바꿔서 생각해본다. 친구가 '회사에서 해고될 것 같아서 화가 난다'고 말하면 '화가 난다'를 '배신감을 느꼈다'나 '밉다.' 등으로 바꿔보는 것이다. 예를 들어서 "넌 화가 났니, 아니면 배신감을 느끼니?"라고 물어보면 좋은 패러프레이즈다. 아울러 더 깊은 대화가 시작될 수 있다. 또 상대가 '기분이 너무 좋다'라고 말하면 '설렌다'나 '흥분했다'로 바꿔 말해본다. 다른 단어로 교체해보면 상대의 심정을 정확하게 파악할 수 있다.

둘째, 적절한 예를 제시한다. '형은 욕심이 심하다'라고 말하면 '놀부 같다는 말이구나'라고 반응하면 된다. 그렇게 예를 들면 의미가 더 뚜렷해진다. '우리 회사 대표는 기술과 인문학 분야에 정통해서 놀랍다'고 말하면 '빌 게이츠 유형이다'라고 답하면 되는 것이다. 유명한 사건을 활용해도 효과적이다. '진주만 습격을 당한 셈이다.' '월드컵에서 우승한 기분이다'라고 말하면 된다.

셋째, 숨은 주장에 주목해야 한다. 상대의 말 표면에만 집중하지 말고 표피 아래에 있는 진의를 파악해야 패러프레이즈를 잘할 수 있다. "밥 먹기 싫으니까 내 방문 열지 마"라고 하면 "혼자 있고 싶다는 말이니?"라고 묻는다. 상사가 "우리는 너무 여유를 부려요. 모두 잘될 거라는 생각만 해요"라고 말하면 "긴장감이 필요하다는 말씀이군요"라고 바꿔 말해주면 된다.

☺ 말이 잘 통하면 호감이 싹튼다

이런 훈련법도 좋지만 더 필요하고 효과적인 훈련법은 사례 연구다. 모범을 보고 배우는 것이다. 사례는 아주 많다. TV 예능 프로그램만 봐도 패러프레이즈 각축장이다. TV 스타들은 자신도 모르게 패러프레이즈 경쟁을 하고 있다.

〈라디오스타〉에서 MC 안영미가 활약한 적이 있다. 배우 이상우가 출연해 자신의 명언은 "추운 거는 더운 거고 더운 거는 추운 거다"라고 밝혔다. 무슨 말일까 모두 궁금해했다. 이상우가 길게 설명하자 안영미가 명쾌하게 요약했다.

이상우 추우면 냉방을 끄잖아요. 그러면 더워지죠. 그리고 더우면 에어컨을 켜서 시원해지고…. 그런 것처럼 좋은 일은 나쁜 일이고 나쁜 일은 좋은 일이다.

김구라 길흉화복 이런 걸 이야기하셨구나.

이상우 ….

안영미 인생은 새옹지마다… (그런 뜻이군요).

이상우 (밝은 표정으로 고개를 끄덕이며) 아, 같은 얘기죠.

이상우가 보기에 안영미가 더 정확하게 패러프레이즈를 해주었다. '새옹지마'라는 새로운 어휘를 활용해서 설명하니까 자기 말의 의미가 명확해졌고, 그런 상황이 자신이 말하고자 하는 바를 분명하게 해준 것이다.

유튜브 〈문명특급〉에서는 MC 재재가 패러프레이즈 능력을 보여주었다. 개그맨 신동엽을 만나서 특유의 엉큼한 눈빛과 표정에 대해서 질문하고 답하는 과정이었다.

신동엽 그런 표정들이 연기로 되는 게 아니라 중학교 2학년 2학기 때부터 지금까지 한결같이… (지속되고 있어요).

재재 아하, 2차 성징이 발현되던 시기 때부터(라는 말이네요)?

음흉한 눈빛은 내적 욕망의 자연스러운 표현이었다는 것인데, 재재는 '2차 성징'이라는 정확한 어휘로 바꿔 말함으로써 신동엽이 말하려던 뜻을 더욱 분명하게 만들었다. 같은 프로그램에 배우 송중기가 출연했을 때도 재재는 패러프레이즈를 시범 보였다. 송중기는 영화 〈늑대 소년〉을 여러 번 관람하면서 관객 반응을 살폈다고 한다. 관객들이 울면 기분이 그렇게 좋을 수 없었다고 말하자 재재가 의미를 명확하게 해준다.

송중기 관객분들이 우실 때 너무 기분이 좋더라고요.

재재 와, 진짜 희열을 느끼셨겠네요.

재재는 '희열'이라는 단어를 써서 '너무 기분 좋다'를 명확히 정의했다. "기분이 좋았다는 건 희열을 느꼈다는 거죠?"라고 말한 셈이다. 티는 나지 않지만 전형적인 패러프레이즈였다.

유재석은 감정의 문제에 강하다. 출연자의 마음이 어떤지 패러프레이즈 통해 정리하는 능력이 있다. 〈유퀴즈온더블럭〉에서 한 남성이 출연했을 때다. 그는 이전에 첫사랑 경험이 분명히 있었는데도 현재 여자 친구가 첫사랑처럼 느껴진다고 말했다. 사귄 지 6년이 되었는데 아직도 애틋한 마음이 들기 때문이라고 이유를 설명했다. 그러자 유재석이 말한다.

"전에 스쳐갔던 인연은 사랑인가 싶을 정도로, 현재 여자 친구를 너무 사랑한다는 그런 이야기죠?"

같은 프로그램에 출연한 나영석 PD가 고충을 토로했을 때에도 유재석은 패러프레이즈 실력을 보였다. 나영석 PD가 새로운 도전을 주저하고 방어적으로 변한 자신을 보면서 고민이 많다고 길게 말하자 유재석은 이렇게 요약했다.

"본인도 변화에 대한 욕구(가 있고) 시청자분들의 요구도 알지만…. 갈등이 많이 있다(라는 뜻이군요)."

유재석은 상대가 말하고 싶었던 내용이 또렷해지도록 자기 어휘로 다시 말했다. 패러프레이즈의 대표적 패턴이다.

그런데 기억해야 할 것이 있다. 패러프레이즈는 기능적인 말솜씨만은 아니다. 대화의 효율을 높이는 기술이지만 감정적인 이점도 있다. 패러프레이즈를 한 상대에게 호감이 생기는 것이다. 배우 이상우는 안영미가 '새옹지마'라고 말하자 저절로 미소를 지었다. 가슴이 시원해졌기 때문이다. 자기가 한 말의 뜻을 자신마저도 정확하게 전달하지 못해 답답할 때가 많다. 그럴 때 누군가 의미를 선명하게 밝혀주면 고마울 수밖에 없다. 어두운 숲을 헤매다가 횃불을 든 사람을 만난 기분일 것이다.

상대방의 말을 경청한 후 긍정적 단어로 바꾼 뒤 반복해서 말해보자. "너는 이제 자신감을 얻었다는 뜻이구나"라는 말은 상대에게 힘을 준다. "그러니까 네가 사랑에 빠졌다는 말이구나"라고 확인해주면 용기가 된다. 물론 패러프레이즈를 한 나에게도 이득이다. 기분 좋은 패러프레이즈를 습관화하면 대화에 생기가 생기고 호감 있는 사람이 될 수 있으니 말이다.

영원히 잊을 수 없는
말을 하려면

틀린 건 틀렸다고 알려준다, 친절한 비판

이목을 집중시키려면 자기 생각이 뚜렷해야 한다. 아무리 외모가 눈부셔도 고유의 의견이 없으면 마네킹처럼 보일 뿐이다. 주관이 확실한 사람은 다수의 의견을 무작정 따르지 않는다. 관습적 사고도 의심한다. 그 대신 자신의 철학을 말하며 매력을 발산한다. TV 속에도 그런 사람들이 있다. 〈한끼줍쇼〉에서 강호동, 이경규, 이효리가 아홉 살 어린이와 대화를 나누고 있었다.

강호동 (어린이 눈을 보며 다정하게) 어떤 사람이 될 거예요?
이경규 (당연하다는 듯이) 훌륭한 사람이 돼야지.

그러자 이효리가 끼어들어서 어린이에게 말했다.

(1) 그래, 커서 꼭 훌륭한 사람이 돼.
(2) 뭘 훌륭한 사람이 돼. 아무나 돼, 그냥.

보통 사람들은 (1)이라고 말하겠지만 이효리는 (2)라고 말했다. 훌륭한 사람이 될 필요가 없다는 것이다. 이 주장은 통쾌하다. 시청자를 기분 좋게 만든다. 왜 그럴까? 이유는 두 가지다.

☺ 새롭고 논리적인 말이 매력 있다

이효리의 말은 새로운 주장이기 때문에 매력적이다. 대부분의 사람들이 '훌륭한 사람이 되라'고 덕담한다. 모두가 영혼 없이 똑같이 떠드는 관습적인 소리는 지루할 수밖에 없다. '훌륭한 사람이 될 필요가 없다'는 이효리의 주장은 새롭고 특이하다. 일단 새로운 이야기를 꺼내야 상쾌한 사람이 될 수 있다. 예를 들면 이렇게 말하는 것이다.

내가 바라는 대로 남을 대하지 말라. 사람마다 취향이 다르다.
겁이 많아서 걱정이라고? 겁이 없으면 게으르고 무책임해진다.
행복을 절대 꿈꾸지 말라. 행복한 말과 행동을 시작해라.
불안하다고? 불안하지 않은 사람은 죽은 사람뿐이다.

새로운 이야기가 주목을 끈다. 식상하지 않아야 즐겁다. 그런데 새롭기만 해서는 부족하다. 논리성까지 갖춰야 한다. 이효리의 주장이 기분 좋았던 두 번째 이유가 그것이다. 타당하기 때문에 통쾌했던 것이다. 사실 '훌륭한 사람이 되어야 한다'는 가르침은 구태의연할 뿐 아니라 부당하다. 낡고 부적절한 가정이 숨어 있기에 그렇다. 개념을 따져보면 부당성이 분명해진다. '훌륭한 사람'은 크게 성공한 사람이다. 돈이 많거나 지위가 높은 사람을 떠올리게 한다. 가령 유명한 연예인, 큰돈을 번 기업인, 성공한 정치인, 저명한 판사 등이 훌륭한 사람의 모델로 여겨진다. 이경규만 그런 것이 아니다. 우리 사회의 어른들 대부분은 수십 년 동안 아이들에게 '훌륭한 사람이 되라'고 가르쳤다.

　　그런데 누구나 성공을 지향해야 하는 것은 아니다. 작고 소박한 삶도 아름답다. 마음이 통하는 좋은 친구들과 자기만의 공간에서 소소한 기쁨을 누리며 사는 것도 얼마든지 행복하다. 그런데도 세상은 성공을 강요한다. 아이들에게 훌륭한 사람이 되라고 습관적으로 압박한다. 부당한 일이다. 그런 부당한 관습을 반박했기 때문에 이효리의 주장이 시원하다. '훌륭한 사람 말고 아무나 되라'는 조언에는 좋은 삶은 다양하니까 원하는 대로 살아도 된다는 논리적 주장이 깔려 있다. '훌륭한 사람이 되어야 한다'는 케케묵은 관습적 사고가 공격당했다. 통쾌할 수밖에 없다.

☺ 너튜브가 대체 뭡니까?

방송인 배철수도 관습적 생각과 언행의 문제점을 찾는 감각이 뛰어나다. 그는 〈대화의 희열〉에서 방송의 허술한 관행 하나를 꼬집었다.

> "유튜브를 유튜브라고 못하는 방송은 너무 웃긴 거 같아요. 다 아는데 너튜브, 땡스타그램…. 너무 눈 가리고 아웅 아닌가?"

눈 가리고 아웅한다고 했으니 얕은 수를 써서 속이려 한다는 뜻이다. 방송인이라면 누구나 다 아는 문제점이다. 특정 상표나 회사 이름 가운데 한 글자만 바꿔 말하고는 말하지 않은 척 시치미를 떼는 건 코미디에 가깝다. 배철수는 그런 방송 관행이 너무 웃기다고 혹평했다. 그는 다른 방송에서 "사람들이 불만이 좀 있어야 되는 거 아닙니까?"라고 반문했다. 불평불만이 악덕이라는 고정관념을 뒤집은 것이다. 또 다른 방송에서는 '전쟁통에도 사랑을 하는데 시간이 없어서 사랑을 못한다는 건' 납득할 수 없다고 했다. '바빠서 사랑을 못한다'는 상투적 변명을 논박한 것이다. 배철수는 상식과 관습에 반대하는 성향이 있는데 그 계기가 있었다. 〈시리즈M〉에서 그는 이렇게 회고했다.

> "대학1학년 때부터 군대 가기까지 3년간을 히피로 살았기 때문에 그 3년이 내 인생에 굉장히 큰 영향을 미쳤다고 생각해요. 관

습대로 관행대로 해오던 것에 대해서 다시 한 번 생각하는 습관이 거기서 길러진 것 같아요."

젊은 시절부터 관행을 의심하며 필요한 경우에는 거부도 했다는 것이다. 많은 사람이 사회의 관행을 당연시하고 의심 없이 받아들인다. 흥미가 없어도 남이 가니까 대학을 가고, 남들이 좋아하니 인기 직종에 집착하며, 남들이 다 하니까 SNS를 한다. 옳은지 아닌지 따지지 않고 대세니까 받아들이는 게 보통의 삶이다. 그런데 배철수나 이효리 같은 소수의 사람들은 사회적 관습을 무턱대고 인정하지 않는다. 정말 타당한지 한 번 더 생각한다.

관습을 의심하는 것은 비판적 사고에 속한다. 영국의 철학자 마이클 스크리븐Michael Scriven과 리처드 폴Richard Paul에 따르면 비판적 사고란 관찰, 경험, 추론을 통해 획득한 정보를 분석, 적용, 종합, 평가하는 지적인 과정을 뜻하며 정보의 정확성, 일관성, 타당성, 깊이, 공정성 등을 판정한다.°

밀도가 높은 정의여서 뜻이 깊어 좋지만 이해하기는 어렵다. 간략히 정의하면, 비판적 사고란 어떤 주장의 타당성을 논리적으로 평가하는 걸 의미한다. 다시 말해 비판적 사고란 논리적 사고다. 감정이나 편견에 휩쓸리면 비판적 사고가 아니다. 남들처럼 관습과 관행대로 생각해도 비판적 사고가 아니다. 이성적 판단에 따라 어떤 주장이 맞는지 아닌지 분석하고 평가하는 게 비판적 사고다.

이효리는 훌륭한 사람이 되라고 아이들에게 강요하는 관습을 비판적으로 평가했다. 배철수는 '너튜브' '땡스타그램'이라면서 면피하는 방송 관행을 비판적으로 살폈다. 관습이나 관행에서 멀찍이 벗어나 논리적으로 분석한 것이다.

☺ 달리는 말에 채찍질하면 잔인해요

유재석도 비판적 사고를 드러낸 적이 있다. 〈놀면 뭐하니?〉에서 주마가편走馬加鞭에 대해 문제를 제기했을 때였다. 주마가편은 달리는 말에도 채찍질을 해야 한다는 뜻의 사자성어다. 이를테면 사랑하는 자녀나 제자가 최선을 다하고 있을 때 더욱 혹독하게 독려해야 한다는 의미인데, 많은 사람들이 이 사자성어의 취지에 동의한다. 가령 공부를 열심히 해서 성과를 낸 아이에게 부모는 더 열심히 공부하라고 주문한다. 이제 충분히 쉬어도 좋다고 말하는 부모는 거의 없다. 팀장은 과로와 스트레스에 시달리는 부하 직원에게 더 열심히 일하라고 압박을 가하고, 임원은 더 큰 실적을 내라고 팀장에게 요구한다. 우리는 서로의 등짝에 채찍질하는 주마가편의 세상에 살고 있다. 유재석이 이런 관습에 이의를 제기했다.

"달리는 말에 너무 채찍질을 하면 말도 아파요. 때로는 그냥 놔둬야죠. 말도 기운을 차려야 하지 않습니까?"

악전고투 노력하는 사람에게 더 달리라고 조르는 것은 가혹하다는 주장이다. 노력을 인정해주고 휴식을 권해야 옳다는 뜻이다. 유재석은 관습적 사고를 논리적으로 분석하고 반대 의견을 내놓았다. 비판적 사고의 한 사례다. 세상에 떠도는 주장을 스폰지처럼 빨아들이면 비판적 사고 능력이 없는 것이다. 세상의 주장을 논리적으로 분석해서 타당성을 따지는 사람이 비판적이다.

비판적으로 생각하고 말하면 뭐가 좋을까? 먼저 개성과 창의성을 얻게 된다. 한 사회의 구성원들은 비슷하게 사고한다. 대부분 유사한 상식에 갇혀 살아간다. 비판적 사고는 상식에서 벗어나 개성적이고 창의적인 시각을 갖게 한다. 가령 이렇게 말하면 개성적이다. "비난이 두려워? 사람들이 돌을 던지면 그것으로 성공의 기초를 쌓으면 되는 거야." 반관습적인 주장이다. 보통 사람들은 비난을 두려워한다. 비난받지 않으려 노력해야 한다는 게 상식이고 관습이다. 위의 말은 관습에 도전한다. 오히려 비난을 반기라는 뜻이니 개성적인 주장이다.

이런 격언은 어떨까? "행복하게 살려면 행복을 사람과 물건이 아니라 목표에 동여매라." 아인슈타인의 명언이다. 흔히 행복하기 위해서는 다른 누군가가 필요하다고 믿는다. 집이나 돈을 가져야 행복이 온다는 것도 상식이다. 위의 격언은 그런 관습적 사고가 틀렸다고 강조한다. 사람은 떠날 수 있고 물질은 잃을 수 있으니 행복의 방편으로 목표를 택하는 게 낫다는 이야기다. 그렇게 관습에서 벗어나는 비판적 사고가 창의적이고 개성적인 발언으로 이어진다.

또한 비판적 사고는 자기 혁신의 길을 열어준다. 생각이 곧 사람이다. 우리는 생각한 대로 말하고 행동한다. 관습적 사고에 젖은 사람은 과거에 발목 잡혀 있는 것이다. 앞으로 나아갈 수도 없고 새롭게 변신하기도 어렵다. 관습적 사고를 의심하는 사람이 자신의 생각과 존재를 혁신할 수 있다. "당신은 당신이 믿는 사람이 된다"는 말이 있다. 미국 방송인 오프라 윈프리의 명언이다. "우리가 진정으로 누구인지 보여주는 것은 우리의 선택이다"라는 금언도 있다. 영국의 작가 J. K. 롤링Joan K. Rowling이 한 말이다.

사회의 관습적 잣대가 우리를 제한할 수 없다. 나는 내가 믿는 그 모습대로 될 수 있다. 나의 선택이 나의 존재를 결정한다. 관습이 아니라 나에게 집중하면 나는 새로운 사람으로 혁신될 수 있는 것이다. 그러면 방법이 궁금해진다. 어떻게 비판적 사고를 할 수 있을까? 복잡한 설명도 많지만 가장 단순화하면 4단계로 설명할 수 있다.

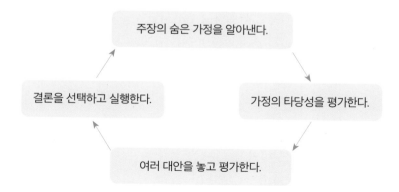

누군가가 주장을 펴면 그 속에 숨어 있는 가정을 확인하고 그다음으로 가정의 타당성을 검토한다. 그러고는 여러 대안에 대해 생각해보고 하나의 결론을 선택한다. 예를 들어서 누군가가 '어린이는 훌륭한 사람이 되려고 노력해야 한다'는 주장을 폈다고 하자. 비판적 사고를 위해서 가장 먼저 할 일은 가정을 확인하는 것이다. 가정은 숨어 있는 전제다. '어린이는 훌륭한 사람이 되려고 노력해야 한다'는 주장의 가정은 무엇일까? 적어도 세 가지다.

(1) 큰 성공을 거둬야 한다.
(2) 남들이 부러워하는 사람이 되어야 한다.
(3) 소박한 행복은 의미 없다.

위와 같이 가정을 밝혀냈다면 타당성을 검토할 차례다. 과연 타당한가, 동의해도 될까, 어린이들에게 그렇게 말해도 될까 따져봐야 한다. 만일 주장의 가정이 틀렸다고 판단되면 새로운 대안을 생각해볼 차례다. '훌륭한 사람이 되어라'라는 덕담 대신에 쓸 대안으로 세 가지를 떠올릴 수 있다.

(1) 큰사람이 되려고 하지 마라.
(2) 마음대로 살아라.
(3) 아무나 되어라.

위 세 가지 대안 중에서 마음에 드는 결론을 고르면 된다. 이효리는 '아무나 되어라'를 선택했고 어린이에게 그렇게 말했다. 이로써 한 사이클의 비판적 사고를 마친 셈이다.

다른 예를 들어보자. '대형 SUV를 구입해서 캠핑을 다니면 가족이 행복하다'고 주장하는 광고를 봤다고 하자. 귀가 솔깃하고 마음이 흔들릴 수 있다. 그러나 큰돈이 필요하다. 이런 경우 비판적 사고의 절차를 밟아야 한다. 먼저 광고의 가정이 무엇인지 생각해봐야 한다. 대형 SUV를 사면 캠핑을 가기 편하고, 캠핑을 자주 가면 가족이 행복할 수 있다는 메시지가 숨은 가정이다. 그런데 나에게도 적용되는지 여부를 따져봐야 한다. 우리 가족이 캠핑을 자주 가게 될지, 캠핑을 가면 가족들이 정말 행복해질지 생각해봐야 한다. 만일 광고의 가정에 동의할 수 없다고 판단되면 그 대안으로 작은 세단을 구입하는 것이 좋은 결론이 된다.

결혼하자는 연인의 제안 뒤에도 가정이 있다. 그 제안에는 결혼이 안정과 행복을 가져올 것이며 결혼 후에도 사랑이 지속될 것이라는 생각이 깔려 있을 것이다. 그런 가정을 분석해서 타당하면 결혼을 받아들이고 아니면 다른 대안을 제시할 수도 있다.

비판적 사고는 일상의 도구다. 광고를 볼 때나 청혼을 받았을 때 비판적으로 생각해야 후회가 적다. 과연 맞는 말이고 좋은 제안인지 분석해야 하는 것이다. 그렇게 논리적으로 분석하는 사람이 매력적이다.

작가 김미경도 비슷한 타입이다. 그녀는 비판적이고 논리적으로 말한다. 유튜브 〈MKTV 김미경TV〉에서 그녀는 직장 생활을 하면서 친구 사귈 생각은 접으라고 조언한 적이 있다. 많은 사람이 직장에서 좋은 친구를 사귈 수 있다고 생각하지만 사실은 비현실적인 생각이다. 직장은 이해관계 조직이어서 진정한 우정이 자라기 힘든 환경이다. 그럼에도 깊은 우정을 기대하는 직장인들이 적지 않은데, 김미경은 그런 기대가 문제라고 지적하고 있는 것이다. 김미경처럼 "직장에서는 친구 사귈 생각하지 마세요"라고 말하면 매력적인 사람이 된다. 잘생기거나 예쁜 사람도 빛나지만 논리적인 사람도 빛난다. 창의적이고 비판적인 화법을 개발하기 위해 꾸준히 노력해야 하는 이유다.

말도 안 되는 말이 훨씬 강력하다, 신기한 역설

유연하고 창의적인 정신을 갖는 방법 중 하나가 역설이다. 삶이 역설로 가득하다는 걸 이해하고, 역설적 상황을 받아들이는 사람이 유연성과 창의성을 갖는다. 먼저 유재석의 사례를 통해 역설이 무엇인지 살펴보자.

〈놀면 뭐하니?〉 PD와 인터뷰를 하다가 유재석이 그에게 이상한 간청을 했다.

"나를 괴롭혀 줘, 부탁이야."

이상한 부탁이다. '나는 괴롭힘을 당하고 싶다'는 기이한 바람을 부탁한 것인데, 괴롭힘당하는 걸 좋아하는 사람은 세상에 없다. 그러니 유재석의 말은 본심이 아닌 것 같다. 그런데 10초만 생각해보면 엉터리 같았던 유재석의 말에 진리가 담겨 있다는 걸 알게 된다.

유재석은 〈놀면 뭐하니?〉의 중심인물이다. 유재석이 고생하고 곤란을 많이 겪을수록 프로그램은 더 재미있어지고 본래의 취지에 맞는다. 프로그램이 재미있으면 제작진과 시청자뿐 아니라 유재석에게도 득이 된다. 그러니 괴롭혀달라는 유재석의 부탁은 진리가 된다. 처음에 들으면 어불성설이지만 곧 진리로 확인되는 주장을 역설(패러독스paradox)이라고 한다.

⊜ 겉은 모순, 속은 진리

역설은 두 가지 조건을 갖춰야 한다. 먼저 비논리적이거나 비상식적으로 보여야 한다. 하지만 실제로는 설득력 있는 진리여야 한다. 다시 말해 겉은 헛말이지만 속은 진리인 것을 역설이라고 한다.

역설은 우선 주목을 끈다. 사람이 하늘을 날아가면 이목을 끌듯이, 역설적인 글이나 말은 사람들의 관심을 끈다. 또한 역설은 사람들을 깊이 생각하게 만든다. 즉 이목을 끌어서 사색하게 만드는 것이 역설의 작용이다. 흥미로운 이야기로 학생들을 집중시킨 후에 공부를 가르치는 선생님들은 역설의 작용을 적용한 것이다.

"더 많이 주는 사람이 더 많이 갖는다." 이 말 역시 이치에 맞지 않아 보인다. 하지만 많이 나눠주는 사람이 마음을 얻으니 나중에는 큰 이득을 얻게 된다. 반대로 인색한 사람은 고립되고 가난해진다. 그러므로 이 말은 진리에 가깝다. "당신의 목소리가 클수록 사람들은 듣지 않는다"는 말은 어떤가. 모순적인 말처럼 들리지만 자기주장이 너무 강하면 사람들이 귀를 닫는다는 건 당연한 이치다. 언뜻 보기에는 모순이지만 분명히 진리에 부합한다.

철학자 소크라테스Socrates의 역설도 유명하다. 그는 "내가 아는 것은 내가 아무것도 알지 못한다는 사실뿐이다"라고 했다. 작가 오스카 와일드Oscar Wilde도 비슷한 유형의 역설을 남겼다. "나는 모든 것을 견딜 수 있다. 유혹만 빼고." 자기 모순적인 진술 같지만 생각해보면 진리가 담겨 있다. 조지 오웰George Orwell이 쓴 《동물 농장Animal Farm》에도 유명한 패러독스 문장이 등장한다.

"모든 동물은 평등하다. 단 어떤 동물은 다른 동물보다 더 평등하다."

'더 평등하다'는 표현이 타당하지 않아 보인다. 똑같이 평등하다고 해야 이치에 맞다. 그런데도 조지 오웰이 '더 평등하다'고 말한 이유는 평등을 내세우는 사회에서 특권을 누리는 소수를 고발하기 위해서다. 이 모순적인 말에는 '일부는 더 큰 특권을 누린다'는 진리가 담겨 있다.

문인과 철학자들이 역설을 활용해서 말하고 쓰는 이유는 분명하다. 역설이 강력한 힘을 갖고 있기 때문이다. 역설은 통념과 상식을 깨뜨리고 우리들의 생각을 뒤흔들어 놓는다.

☺ 유희열을 감동시킨 역설

배우 이상우도 역설을 말한 적이 있다. 그는 자신의 좌우명이 "추운 거는 더운 거고 더운 거는 추운 거다"라고 소개했다. 이상한 말이다. 모순적이고 논리에 어긋나게 들린다. 그런데 새옹지마塞翁之馬나 전화위복轉禍爲福을 떠올리면 이상우의 좌우명이 진리임을 알 수 있다. 나쁜 일은 좋은 일로 변하기도 하니까 나쁜 일은 곧 좋은 일이다. 그런 의미로 추운 것은 더운 것이라고 얼마든지 말할 수 있는 것이다.

가수 유희열도 역설의 힘과 매력을 경험했다. 〈미운 우리새끼〉에 출연한 유희열이 지금은 아내가 된 여자 친구에 관한 이야기를 들려주었다. 결혼 전, 유희열은 여자 친구에게 부끄러운 가족사를 들키고 말았다. 창피하고 분한 마음을 참을 수 없어 눈물이 맺힌 그에게 여자 친구가 역설적인 말을 했다.

"나는 행복해지려고 오빠를 만나는 것이 아니야. 불행해도 오빠가 있으면 괜찮을 것 같아."

듣는 순간에는 이상한 말로 들린다. 행복하고 싶지 않은 사람은 없다. 누군가를 사랑하는 것도 더 행복해지기 위해서다. 그러므로 행복해지려고 사랑하는 게 아니라는 말은 거짓이나 모순으로 들린다. 하지만 다시 생각해보면 감동적인 고백임을 알 수 있다. 행복을 대신해서 선택할 만큼 상대에 대한 사랑이 깊다는 의미다. 여자 친구의 역설은 유희열의 연예 가치관을 무너뜨릴 정도로 강력했다고 한다.

여기서 응용문제를 한번 풀어보자. 다음 중 어떻게 말해야 상대방 가슴에 더 큰 울림을 줄까?

(1) 너와 함께 있으면 나는 언제나 행복해.
(2) 너와 함께 있다면 나는 불행해도 괜찮아.

(1)도 나쁘지 않지만 (2)가 더 감동적이다. 모순적인 말로 보이기 때문에 더 깊이 생각하게 되고, 더 크게 감동하는 것이다. 그런 고백을 들은 사람은 유희열이 그랬던 것처럼 평생 그 말을 잊지 못할 것이다. 진심을 담은 역설은 영원히 사무친다.

(2)는 직장에서 생존을 위한 아부를 할 때도 활용할 수 있는 표현이다. 고약한 팀장 때문에 괴롭고 힘들지만 "덕분에 힘든 만큼 성장하고 있는 것 같아 감사하게 생각하고 있습니다"라고 아첨하는 것이다. 문해력이 조금이라도 있다면 팀장도 감동할 만한 역설이다.

사춘기에 접어들어 반항을 일삼는 자녀에게도 비슷한 말을 해줄 수 있다. "네가 엄마 마음을 아프게 하지만 그게 더 큰 행복이다"라고 말이다. 부모의 마음을 아프게 한다는 건 자녀에게 주관과 철학이 생긴다는 뜻도 된다. 부모로서는 당연히 행복한 일이다.

역설적으로 말하는 사람은 창의적으로 보인다. 삶의 진실을 수려한 말과 글로 표현하는 사람이 밝게 빛나는 건 당연하다. 또한 역설적인 화법은 정신적 유연성의 증거가 되기도 한다. 삶의 모순을 배척하지 않고 끌어안아 이해하는 유연성이 있어야 역설을 말할 수 있다. 역설을 구사한다는 건 창의성과 유연성에 대한 빛나는 징표다.

역설에 능한 사람은 매력적이다. 흠모와 경외의 대상이 될 수 있다. 그런데 그 매력은 공짜가 아니라 깊은 성찰의 대가다. 역설의 뿌리는 상식에 대한 회의다. 삶, 죽음, 행복, 사랑, 앎 등에 대한 상식을 의심하고 넘어서야 멋진 역설이 가능하다. 통념과 타협하지 않기에 역설에 능한 사람은 매력적이다.

◉ 인생의 여섯 가지 역설

자신만의 역설을 많이 구비해두어야 인생의 고통에 쉽사리 흔들리는 않는 강직하고 지혜로운 사람으로 성장한다.

행복을 좇을수록 불행해진다. 행복은 나비 같은 것이라고 했다. 잡으려고 하면 달아났다가 까맣게 잊고 있는 사람의 어깨에 살짝 내

려앉는다. 행복에 집착할수록 행복은 달아나버린다. 행복하지 않으려고 해야 행복이 찾아온다.

SNS 친구가 많을수록 외로워진다. 소셜미디어를 통해 우리는 친구들과 매일 연락하고 인사한다. 하지만 SNS 교류가 많아질수록 외로움은 더 커진다. '좋아요'가 생각처럼 늘지 않기 때문이다. 리트윗이 기대보다 적기 때문이다. 팔로워도 너무 천천히 는다. 맛집을 탐방하거나 여행을 다녀왔거나 비싼 물건을 소비한 뒤 올리는 글을 볼 때마다 나만 뒤떨어진 것 같아 자괴감마저 든다. 끈끈하게 맺어진 인간관계가 아니다 보니 깊은 속마음을 털어놓을 수도 없다. 피상적인 관계일 뿐이다.

조언을 구하는 사람은 조언을 원하지 않는다. 조언을 부탁하는 사람이 많다. 그런데 그들이 정말로 원하는 것은 조언이 아니다. 인정과 지지를 갈망한다. 조언을 바라는 저 깊은 곳에는 자신의 판단이 옳다고 인정해달라는 마음이 있다. 결정을 지지하고 응원해달라는 부탁 대신 조언을 청하는 것이다. 친구나 직장 동료뿐 아니라, 어린 조카나 자녀도 같은 마음에서 조언을 청한다. 그러므로 조언은 아껴야 한다. 대신 지지와 인정을 듬뿍 선물하는 것이 낫다. 그래야 사람이 내 곁에 오래 머문다.

돈을 벌고 싶으면 돈에 대해 생각하지 말아야 한다. 주식 투자한 것을 잊고 있어야 주식을 오래 갖고 있게 되며 장기적이고 확고한 이득을 얻는다. 돈을 잊고 직무에 집중해야 성과를 내고 승진할 수 있다. 하루 종일 주식 그래프에 시선을 고정하고 있으면 돈을 잃을 확률이 더 커진다. 돈은 나비다. 잊고 있어야 나를 찾아온다.

좋은 선택지가 많을수록 괴롭다. 오늘 저녁 메뉴로 짬뽕과 짜장면 중 하나를 먹을 수 있다고 하자. 선택이 크게 어렵지 않다. 그런데 로브스터, 한우 구이, 최고급 스시, 스테이크 중 하나를 골라야 한다면 갈등이 생긴다. 기회비용이 커진 결과다. 데이트할 상대가 여러 명이어도 괴롭다. 역시 기회비용이 증가하기 때문이다. 만나고 관리해야 할 친구가 너무 많은 사람도 힘들다. 그 관계를 유지하기 위해 돈과 시간과 노력을 아끼지 않아야 하기 때문이다. 선택의 폭이 넓지 않아도 행복할 수 있다.

냉정해야 뜨겁게 사랑할 수 있다. 윌리엄 셰익스피어William Shakespeare의 《햄릿Hamlet》에 유명한 역설이 등장한다. "나는 친절하기 위해서 잔인해야만 한다"는 문장이 그것이다. 햄릿은 아버지를 죽인 클로디우스를 없애기로 계획한다. 잔인한 행동이다. 더구나 그 살인자는 지금 햄릿 어머니의 남편이다. 햄릿의 계획은 어머니에게도 잔인한 일이다. 그러나 햄릿으로 인해 어머니는 전 남편의 살인자와 헤어진다. 어머니에게는 다행이다. 이로써 친절하기 위해서는 때로 잔인해야 한다는 역설이 성립된다. 이렇게까지 극단적인 결정은 아니더라도 우리도 사랑의 역설을 선택해야 할 때가 있다. 자녀와 연인에게 경우에 따라서는 냉철하게 말하고 차갑게 행동할 수 있어야 진정한 사랑꾼이다. 따뜻하기만 한 사람은 사랑을 모른다.

역설을 공부하는 법

역설 실력은 연습을 통해 향상시킬 수 있다. 무엇보다 모범적인 표현을 꼼꼼히 읽는 것이 최선의 훈련이다. 가령 빌 게이츠 Bill Gates의 발언이 도움이 된다.

"성공은 형편없는 교사다. 스마트한 사람들이 자신은 실패할 수 없다고 생각하도록 유혹한다."

이치에 맞지 않는 문장으로 보인다. 성공하면 중요한 교훈을 배울 수 있으니 성공은 좋은 선생님일 것 같은데 말이다. 다음 문장을 읽으면 이유를 알게 된다.

"나는 어려운 일을 할 사람으로 게으른 사람을 선택한다. 게으른 사람은 일을 쉽게 하는 방법을 찾아내기 때문이다."

앞 문장은 모순적이지만, 뒷문장을 읽으면 깊은 뜻을 알 수 있다. 게으름에 대한 통념을 깨는 역설 문장이다.

현존하는 최고 과학자이자 명문장가의 글을 읽어도 유익하다. 리처드 도킨스Richard Dawkins가 쓴 《무지개를 풀며Unweaving the Rainbow》의 도입부다.

"우리는 죽겠지만 그 사실이 우리를 행운의 존재로 만든다. 대부분의 사람은 태어나지 않아서 죽지 않는다. 여기 나의 자리를 차지할 수도 있었지만 낮의 빛을 영영 볼 수 없게 된 잠재적 사람들은 아라비아의 모래알보다 많다."

수준 높은 역설적 문장이다. 죽기 때문에 행운의 존재라는 주장은 납득하기 어렵다. 하지만 뒷문장이 친절하게 설명한다. DNA의 조합을 통해 만들어질 수 있는 사람의 잠재적 규모는 모래알처럼 많은데, 감사하게도 우리가 태어날 기회를 얻는다는 것이다. 아주 희소하고 귀한 기회를 잡아서 태어난 것이니까 죽음 또한 크나큰 행운이다.

이번에는 연습 문제를 풀어보자. 괄호 안에 어떤 단어를 쓰면 근사한 역설이 완성될까? 영어권에서 유명한 문장을 번역한 것이다.

1. 좋은 판단은 경험에서 오고, 경험은 (   )에서 온다.
2. 저항을 다 받아들이면 (   )이 사라진다,
3. 사람이 불행해지는 것은 (   )을 추구하기 때문이다.
4. 삶은 미래를 위한 준비다. 미래를 가장 잘 준비하려면 (   ) 가 없는 것처럼 살아야 한다. _알베르트 아인슈타인
5. 자기 자신을 잃어야만 (   )을 찾을 수 있다 _헨리 밀러 Henry Miller

정답 1. 나쁜 판단 2. 저항 3. 행복 4. 미래 5. 자기 자신

비교하면 더 명확해진다,
선명한 대조

반려견 훈련사 강형욱은 스타다. 엄청난 배경을 자랑하는 사람도 아닌데 혈혈단신 나타나 놀라운 성공을 거두었다. 연예인도 아니고 반려견 훈련사라는 직함으로 말이다. 이런 일이 어떻게 가능했을까? 개를 잘 다루기 때문일까? 아니다. 사람을 더 잘 다루기 때문이다. 특히 그의 언어 능력이 성공을 일군 비결이다. 그는 비유가 탁월하다. 〈개는 훌륭하다〉에 버릇없는 반려견이 출연했을 때다. 이 반려견은 주인을 노려보듯이 쳐다본다. 이때 주인은 두려워하지 말고 단호히 맞서야 한다는 게 강형욱의 조언이다. 그렇지 않으면 반려견이 보호자의 역할을 인정하지 않기 때문이다. 강형욱은 보호자를 이해시키기 위해 이 개를 반항하는 학생에 빗댔다.

"(개를) 선생님에게 눈을 똑바로 뜨고 있는 학생이라고 생각하시면 됩니다. 그때 선생님이 눈을 왔다 갔다 움직이고 코를 만지고 머리를 긁적이면 그 아이는 (선생님이) 겁먹었다고 생각할 거거든요."

강형욱은 보호자와 개를 각각 선생님과 학생으로 비유하고는 보호자가 어떻게 대응해야 하는지 알아듣게 설명했다. 귀에 쏙쏙 들어온다. 비유를 통해 사람을 설득하는 힘이 강형욱의 성공 비결 중 하나다.

개만큼 말도 잘 다루는 강형욱의 표현

강형욱은 사람을 긴장시키는 능력도 탁월하다. 물론 이때도 말을 활용한다. 포인트는 최악의 상황을 떠올리게 하는 것이다. 강형욱은 작은 개를 공격하는 큰 개 주인에게 말한다. 미취학 아동에 대한 공격으로 이어질 수 있다고 말이다. 주인으로서는 아찔한 그림이 머릿속에 그려질 수밖에 없다. 맹견 주인에게 격한 표현을 쓴 적도 있다.

> **강형욱** 조그만 강아지들에게는 어때요?
> **보호자** 그 강아지가 짖으면 같이 짖으면서 달려들어요.
> **강형욱** 장담하는데 얘는 (작은 강아지를) 죽일걸요.

내 개가 다른 개를 죽인다는 상상만 해도 끔찍하고 다리가 떨린다. 강형욱은 그런 최악의 상황을 머리에 그리게 만드는 언어 능력이 있다. 물론 주목받는 의학자나 경제 전문가도 그렇다. "이렇게 가면 큰일납니다"라는 전문가의 경고는 분야에 관계없이 공포감과 함께 현실 감각과 책임감을 일깨운다.

강형욱은 대조법에도 능하다. 〈개는 훌륭하다〉에서 개를 통제하지 못해서 쩔쩔 매는 사람에게 따끔하게 말한다.

"이렇게 통제할 수 있는 사람이 (개를) 칭찬할 수 있는 거예요. 통제할 수 없는 사람이 칭찬하게 되면 그 칭찬이 우스워져요."

'A는 B이다. 그런데 C는 D이다'라는 구조다. 앞문장과 뒷문장은 대조를 이룬다. 이런 대조법 구조의 문장을 만들어 말하면 정보가 머리에 빠르게 스며든다. 당연히 사람들은 강형욱의 지시에 충실하게 따를 확률이 높다. 그렇게 해서 강형욱은 개만큼이나 사람을 잘 다루는 성공한 훈련사가 된 것이다.

독자의 성향에 따라 호불호가 있겠지만, 사람을 움직이고 싶다면 위에서 설명한 세 가지 화술을 활용하는 것이 효과적이다. 비유를 활용해서 설명하고, 최악의 상황을 경고해서 긴장시키며, 대조법을 써서 깊이 이해하게 만들면 언어 영향력이 급속히 커진다. 직장 상사를 대할 때나 자녀나 친구를 설득할 때도 마찬가지다.

그러면 대조법이란 무엇일까? 김욱동 교수는 대조법을 "반대되거나 눈에 띄게 다른 낱말이나 어구 또는 문장을 서로 나란히 대비시켜 말하는 수사법을 말한다"라고 설명한다.** 조금 어렵게 읽히지만 정보량을 줄이면 쉽게 요약할 수 있다. 즉 대조법이란 '뜻이 반대되는 말을 나란히 두는 수사법'이다. 하늘과 땅, 비와 눈, 사랑과 증오 등 상반되는 단어를 병치한다는 것이다. '하늘은 파랗고 땅은 검었다'나 '사랑은 행복을 주고 증오는 불행을 준다'처럼 말이다. 강형욱의 말처럼 '통제할 수 있으면 ~고, 통제할 수 없으면 ~다'도 역시 대조법 구조 문장이다. 잘 인식하지 못해서 그렇지 대조법을 활용하는 TV 스타들은 강형욱 말고도 아주 많다. 〈일로 만난 사이〉에서 유재석이 두 명의 방송인을 비교 평가하면서 이렇게 말했다.

> "허재 형은 강하디 강한 형이고, 석진이 형은 약하디 약한 형이거든요."

한 문장 속에서 강함과 약함이 대조를 이루고 있다. 대조법은 대개 병렬 구조를 이룬다. 'A는 B인데 C는 D이다'처럼 비슷한 형태의 문장 요소를 나란히 늘어놓는 것이다. '허재 형'과 '석진이 형'은 형태가 비슷하다. '강하디 강한 형'과 '약하디 약한 형'도 뜻은 정반대인데 모양은 유사하다. 이렇게 서로 닮은 요소를 나란히 배치하면 라임을 넣은 듯 말에 리듬감이 생긴다. 음악적 재미가 생기는 것이다.

〈런닝맨〉에서 이광수도 재미있는 대조법을 썼다. 유재석에게 연애 상담을 하도 많이 받아서 여성 앞에서 자기도 모르게 유재석처럼 말하게 된다면서 이렇게 하소연했다.

"이런 적이 있어요. (한 여성이) 나랑 만났는데 나는 몸만 만나고 정신은 재석이형이랑 (만났죠)."

사람들은 와 하고 웃었다. 내용도 재미있지만 '몸은 이광수였지만 정신은 유재석이었다'라는 대조법 자체가 재미를 주기 때문이다. 〈무한도전〉에서 치과의사가 정준하의 치아가 아주 크다고 진단하자 유재석이 말했다. "속은 좁은데 이는 커요." 단순하지만 역시 재미있는 대조법이다. 유재석은 당시 정준하의 연애 생활에 대해서도 대조법으로 평가했다. "(정준하의 연애 생활은) 지금 안 되고 있는 것도 아니고, 잘되고 있는 것도 아니다"라고 표현했다. 가수 아이유도 〈아이유의 집콕시그널〉에서 한 밴드의 노래를 추천하면서 이렇게 말했다.

"내가 노래방에서 댄스곡을 (부르며) 막 놀 줄 아는 부류도 아니고, 그렇다고 발라드를 막 멋들어지게 뽑을 자신이 없다. 그럴 때…."

'댄스곡'과 '발라드'가 상반된다. 또 '막 노는 것'과 '멋들어지게'

노래하는 것은 정반대의 이미지다. 말의 앞부분과 뒷부분이 대조를 이루고 있어 뜻이 명확해졌다.

　　대조법은 감동도 준다. 〈북유럽〉에서 작가 김미경의 대조법이 그런 사례를 보여주었다. 그녀는 세상 사람들이 자신은 돌보지 못하고 타인만을 위해 살아간다고 안타까워하면서 이렇게 말했다.

　　"우리는 나 데리고 사는 실력이 떨어지고, 남 데리고 사는 실력
　　만 키우는 거야."

　　이 말을 들은 개그맨 송은이는 책상을 손바닥으로 치면서 탄성을 질렀다. 감동이 컸다는 뜻이다. 말의 내용도 좋지만 대조법 표현이어서 뜻이 선명하게 전달된 덕분이다. 뜻이 정반대인 '나 데리고'와 '남 데리고'를 썼고 '실력'도 두 번 반복되어서 또렷이 대조되는 이미지를 만들어냈다.

☺ 비교 대상이 있으면 의미가 더욱 선명해진다

시청자들은 의식하지 못하지만, 귀에 잘 들리고 기억에 남는 문장 중 상당수가 대조법 표현이다. 대조법 활용은 우리에게도 도움을 준다. 직장에서나 가정에서나 대조법을 적절히 쓰면 재미도 주고 남을 설득할 수도 있다. 그런데 공짜는 없다. 공부와 연습이 필요하다. 대조법을

익히기 위해서는 먼저 대조법 표현의 구조를 정확히 알아야 한다. 앞서 대조법은 병렬 구조이고 많은 경우 'A는 B이고 C는 D이다'의 구조를 취한다고 말했다. 좀 더 자세히 말하면 대조법 문장의 구성 규칙은 세 가지다.

(1) 문장이 보통 두 개로 구성된다.
(2) 앞부분과 뒷부분의 의미는 상반된다.
(3) 앞부분과 뒷부분의 문법 구조는 같아야 이상적이다.

이 규칙에 가장 잘 들어맞는 대조법이 바로 "허재 형은 강하디 강한 형이고, 석진이 형은 약하디 약한 형이거든요"이다. 이 문장은 '허재 형은 ~한 형이고'와 '석진이 형은 ~한 형이거든요'라는 두 부분으로 이루어져 있다. (1)을 충족한 것이다. 그리고 앞부분과 뒷부분의 의미가 상반된다. '강하디 강한'과 '약하디 약한'은 반대 뜻이다. 이로써 (2)가 충족되었다. 아울러 '허재 형은 ~한 강한 형'과 '석진이 형은 ~한 약한 형'은 문법적 구조가 똑같다. (3)을 충족했다. 대조법 구성 규칙 세 가지를 모두 만족시킨 위 문장은 모범적인 대조법 문장이다. 뜻이 정확하고 쉽게 전달된다.

〈유퀴즈온더블럭〉에 출연한 나영석 PD가 강호동을 평가한 이 말은 어떨까?

"옛날에는 대단한 사람이 대단해 보였거든요. 그런데 요즘은 오랫동안 꾸준한 사람이 너무너무 대단해 보이는 거예요."

인상 깊은 말이다. '옛날'과 '요즘', 그리고 '대단한 사람'과 '꾸준한 사람'이 짝을 이루어서 대비된다. 그런데 문장이 조금 복잡하다. 글이 아니라 말이니까 흐트러질 수밖에 없는 게 사실이고, 이 정도 말을 만드는 능력도 높이 평가해야 하지만 틀린 부분은 있다.

먼저 두 부분으로 구성되어야 한다는 규칙 (1)은 충족되었다. '꾸준한 사람'은 '대단한 사람'과 대비되므로 조건 (2)도 채워졌다. 그런데 앞부분과 뒷부분의 모양이 다르다. 이 문장을 이렇게 구성하면 어떨까?

"옛날에는 대단한 사람이 대단해 보였어요. 그런데 요즘은 꾸준한 사람이 대단해 보여요."

'너무너무'를 빼고 어미를 수정하니 앞문장과 뒷문장의 구조가 똑같아졌고 뜻이 산뜻하게 전달된다. 더 좋은 대조법 표현이 된 것이다.

⊜ 대조법을 잘 쓰려면

단순하고 간명한 대조법 표현은 유재석이 잘 쓴다. 수상 소감을 미리 준비했기 때문일 수도 있지만, 아무튼 그의 대조법 만드는 능력은 인상적이다. 〈2007 MBC 방송연예대상〉에서 대상을 받은 후 유재석은 이렇게 말했다.

"무한도전, 평균 이하인 저희들을 평균 이상이 될 수 있게 만들어주신 시청자 여러분께 다시 한 번 진심으로 감사드리겠습니다."

대조법을 만드는 데 딱 두 음절이 필요했다. '하'와 '상'이 그것이다. '평균 이하'와 '평균 이상'이 효과적인 대조를 만들어낸 것이다. 상반되는 단어만 나란히 배치해도 좋은 대조법 문장이 만들어진다. 유재석은 〈2014 MBC 방송연예대상〉에서 대상을 수상한 후에도 대조법으로 소감을 말했다.

(무한도전 멤버의 잘못을 대신 사과하면서) "그런 잘못과 실수를 숨기려는 것이 오히려 많은 분들께 잘못과 실수를 하는 것이라고 생각합니다."

대조법 문장을 만들기 위해 '숨기기'와 '하기'가 필요했다. '잘못과 실수를 숨기기'와 '잘못과 실수를 하기'가 병렬적으로 반복되면서 대비를 이뤘다. 〈2006 MBC 방송연예대상〉에서 대상 수상 소감의 대조법 역시 선명하지만 좀 더 복잡했다.

"저희들 많이 부족한 것은 채울 수 있도록 노력하겠습니다. 그리고 넘치는 것은 넘치기 전에 나눌 수 있도록 노력하겠습니다."

'부족함'과 '넘침'이 상반되는데 둘 다 명사형이다. '자기 속에 채우기'와 '자기 밖으로 나누기'도 역시 뜻이 반대지만 '기'로 끝나는 형태는 같다. 이렇게 뜻이 반대이면서 모양은 비슷한 문장 요소가 반복되면 좋은 대조법이 된다.

대조법 문장 만들기

문제 풀이를 통해 대조법을 연습해보자. 아래는 찰스 디킨스 Charles Dickens의 《두 도시 이야기A Tale of Two Cities》의 도입부를 번역한 것이다. 대조를 이루려면 괄호 안에 어떤 단어를 써야 할까?

최고의 시간이면서 (   )의 시간이었다. 지혜의 시절이었으며 (   )의 시절이었다. 믿음의 시대였고 (   )의 시대였다. 빛의 계절이었고 (   )의 계절이었다. 희망의 봄이었며 (   )의 (   )이었다. 우리 앞에 모든 것이 있었지만 아무것도 없었다.

정답 최악, 어리석음, 불신, 어둠, 절망, 겨울

잊히지 않는 최고의 대조법 문장이다. 다음으로는 영어권에서 유명한 문장을 이용해서 대조법 연습을 해보자.

1. 성공은 자랑스럽게 만들고 (   )는 현명하게 만든다.
2. 그 남자가 죽음을 맞도록 우리 집으로 데려갔을 때 그는 단 한 문장을 말했어요. 나는 길에서 동물처럼 살았지만 이제는 (   )처럼 죽을 것이다라고요. _테레사 Teresa
3. 그것은 한 사람에게는 작은 한 걸음이지만 (   )에게는 큰 도약이다. _닐 암스트롱 Neil Armstrong

4. 사랑은 이상이지만 결혼은 (   )이다.

5. 인생의 가장 큰 영광은 넘어지지 않는 게 아니라, (   )이다.

_넬슨 만델라 Nelson Mandela

6. 너의 귀는 모든 사람에게 주되 (   )는 소수에게만 주어라.

_윌리엄 셰익스피어 William Shakespeare

정답　1. 실패　2. 천사　3. 인류　4. 현실　5. 넘어질 때마다 일어나는 것
　　　6. 목소리

　끝으로 심화 학습 차례다. 고급스러운 수사법 하나 더 익혀보자. '교차반복법'인데, 대조법과 달리 상반되는 단어를 쓰지는 않지만 병렬 구조라는 점에서는 대조법과 같다. 교차반복법에서는 앞부분의 단어가 뒷부분에서 순서가 바뀌어 반복되는데, 흥미로우면서도 강한 인상을 남긴다.

　"당신이 소유한 물건들이 결국 당신을 소유할 것이다."

　문장 앞부분에서 '당신'과 '소유'가 나오고 뒷부분에서도 마찬가지다. 그런데 뒷부분에서는 두 단어의 순서가 바뀌었다. 두 단어가 교차반복되면서 소유욕의 비극을 뚜렷하게 설명하는 문장이 되었다. 교차반복법을 활용한 문장을 더 살펴보자.

나는 내가 좋아하는 일을 하고 내가 하는 일을 좋아한다.

사람은 살기 위해서 먹는 것이지 먹기 위해서 사는 것은 아니다.

_소크라테스Socrates

우리는 정치를 바꾸기 위해 당선되었지만 정치가 우리를 바꾸게 내버려두었다. _존 매케인John McCain

절대 두려워서 협상하지 말아야 한다. 하지만 협상을 두려워해서는 안 된다. _존 F. 케네디John F. Kennedy

병렬 구조의 수사법이 사람의 귀를 사로잡고 마음을 움직인다. 교차반복법도 괜찮지만 특히 대조법은 효과나 활용 빈도가 높다. 방송에 출연하거나 강연을 하는 많은 사람은 대조법 훈련을 남몰래 많이 한다. 정치인의 연설에서도 대조법은 쉽게 찾을 수 있다. 더러는 판결문에서도 보인다.

물론 우리에게도 대조법이 유익하다. 예를 들어서 '나는 너를 존중하는데 너는 나를 무시한다'라고 말하면 무례한 상대를 흔들 수 있다. 또 '성과는 많지 않아도 노력은 많이 했다'라고 평가하면 부하 직원이나 자녀를 행복하게 만들 수 있다. 대조법은 강한 힘을 갖고 있다. 대조법이 사람의 마음을 바꿀 수 있다.

* 인용된 서적은 모두 원서를 기준으로 했다.

1장 누구와도 말이 잘 통하는 비결, 이해와 공감

- 《사회적 동물The Social Animal》(2011) 8장의 내용이다.

- ● ● 《기술적인 대인 커뮤니케이션Skilled Interpersonal Communication》(2003) 208쪽의 내용 중 일부를 인용했다.

- ● ● ● 《비폭력 대화Nonviolent Communication》(2015) 제3판 7장의 내용이다.

- ● ● ● ● 유튜브 The Oprah Conversation–Barack Obama Teaser에서 발췌했다.

2장 나를 보호하면서 말하려면

- 《우울증: 감옥을 나가는 길Depression: The Way Out of Your Prison》(2003) 제3판 27 쪽 "Only good people get depressed"를 인용했다.

- ● ● 이 구분은 호주의 언어학자 피터 화이트Peter R. R. White가 《대인관계 커뮤니 케이션에 관한 핸드북Handbook of Interpersonal Communication》(2010)에서 제시 한 호불호 판단의 세 가지 기준 'feelings, tastes, values'를 좀 더 쉽게 변형한 것이다.

- 낸시 두아티Nancy Duarte의 책《울려 퍼지다Resonate》(2010) 12쪽에서 재인용했다.

•• 유튜브 Mark Zuckerberg & Yuval Noah Harari in Conversation에서 발췌했다.

••• 영국 얼스터대학의 오웬 하지Owen Hargie 교수가《기술적인 대인 커뮤니케이션Skilled Interpersonal Communication》(2010)에서 설명한 내용이다.

•••• 유튜브 A conversation with Bill Gates and Tara Westover에서 발췌했다.

6장 영원히 잊을 수 없는 말을 하려면

- 마이클 스크리븐과 리처드 폴이 1987년 열린 비판적 사고 관련 학술대회에서 발표한 정의를 축약한 것이다. 원문을 그대로 옮기면 다음과 같다. "Critical thinking is the intellectually disciplined process of actively and skillfully conceptualizing, applying, analyzing, synthesizing, and/or evaluating information gathered from, or generated by, observation, experience, reflection, reasoning, or communication, as a guide to belief and action. In its exemplary form, it is based on universal intellectual values that transcend subject matter divisions: clarity, accuracy, precision, consistency, relevance, sound evidence, good reasons, depth, breadth, and fairness."

•• 《수사학이란 무엇인가》(2002)에서 발췌했다.

말투가 고민이라면 유재석처럼

초판 1쇄 발행   2021년 8월 30일
초판 7쇄 발행   2023년 1월 2일

지은이   정재영
펴낸이   정덕식, 김재현
펴낸곳   (주)센시오

출판등록   2009년 10월 14일 제300-2009-126호
주소   서울특별시 마포구 성암로 189, 1711호
전화   02-734-0981
팩스   02-333-0081
전자우편   sensio@sensiobook.com

본문디자인 아울미디어   **표지디자인** 섬세한 곰

ISBN 979-11-6657-035-3 03190

소중한 원고를 기다립니다. sensio@sensiobook.com